2018年度教育部人文社会科学研究一般项目（项目编号：18XJC630006）
中央高校基本科研业务经费专著出版资助项目（项目编号：JBK2204005）

工作-家庭正向溢出及相关因素研究：
元分析与元分析-结构方程模型

GONGZUO-JIATING ZHENGXIANG YICHU
JI XIANGGUAN YINSU YANJIU:
YUANFENXI YU YUANFENXI-JIEGOU FANGCHENG MOXING

徐 姗 著

西南财经大学出版社
Southwestern University of Finance & Economics Press

中国·成都

图书在版编目(CIP)数据

工作-家庭正向溢出及相关因素研究:元分析与元分析-结构方程模型/徐姗
著.—成都:西南财经大学出版社,2022.9
ISBN 978-7-5504-5525-2

Ⅰ.①工…　Ⅱ.①徐…　Ⅲ.①家庭社会学—研究　Ⅳ.①C913.11

中国版本图书馆 CIP 数据核字(2022)第 163300 号

工作-家庭正向溢出及相关因素研究:元分析与元分析-结构方程模型

徐姗　著

策划编辑:王甜甜
责任编辑:李特军
责任校对:陈何真璐
封面设计:何东琳设计工作室
责任印制:朱曼丽

出版发行	西南财经大学出版社(四川省成都市光华村街55号)
网　　址	http://cbs.swufe.edu.cn
电子邮件	bookcj@swufe.edu.cn
邮政编码	610074
电　　话	028-87353785
照　　排	四川胜翔数码印务设计有限公司
印　　刷	郫县犀浦印刷厂
成品尺寸	170mm×240mm
印　　张	11.25
字　　数	207 千字
版　　次	2022 年 9 月第 1 版
印　　次	2022 年 9 月第 1 次印刷
书　　号	ISBN 978-7-5504-5525-2
定　　价	78.00 元

前言

随着女性群体不断进入劳动力市场，双职工家庭的不断涌现逐渐影响着人们的工作和生活方式，也迫使研究者和管理者重新审视员工的工作-家庭关系问题。双职工家庭的逐渐增多以及工作-家庭关系理论的不断发展都要求我们对工作和家庭对彼此的积极影响进行深入讨论。从20世纪中叶开始，工作和家庭之间的动态关系逐渐开始得到越来越多研究者的关注，然而在很长的一段时间内，对工作-家庭关系领域的研究都聚焦于工作-家庭冲突（即工作和家庭之间负向的影响关系），工作和家庭之间的正向溢出效应却被学者们忽视。基于角色理论的资源稀缺假说认为，个体的时间和精力是有限的，工作和家庭不同的角色之间会因争夺个体有限的资源而产生冲突。然而直至21世纪初，研究者才逐渐将研究视角由原来的消极视角（工作和家庭的负向溢出，即工作-家庭冲突）逐步转向积极视角（工作和家庭的正向溢出，即工作-家庭促进）。已有研究认为，工作-家庭正向溢出比工作-家庭冲突更能激发员工的潜力，也更能够为组织带来积极的结果。例如，已有研究认为工作-家庭正向溢出可以提高员工的满意度，提高员工的组织承诺，提升组织的绩效等。

虽然以往的研究对工作-家庭正向溢出的前因变量和结果变量进行了多方面的探讨，但是出现了诸多不一致的研究结论。例如，Tompson 和 Werner（1997）的研究认为，工作-家庭正向溢出与工作-家庭负向溢出是一个构念的两个极端，高水平的工作-家庭正向溢出就意味着低水平的工作-家庭冲突。Sumer 和 Knight（2001）则认为，工作-家庭冲突与工作-家庭促进是两个完全不同、相互独立的概念。Wayne 等（2004）的研究发现，家庭向工作的正向溢出与工作满意度之间没有显著的预测关系，但 Lu 等（2009）的研究结果显示，家庭向工作的正向溢出能够显著地预测工作满意度等。不一致的研究结论提示我们，对于相同变量间的关系，研究者得出不一致的研究结果可能是由实证研究不可避免的抽样误差及测量误差引起的，也有可能是由情景因素调节作用所致。如果我们仍采用抽样调查的方式来对不一致的研究结论进行验证，仍然避免不了测量误差和抽样误差的影响，唯有采用元分析的方法，才能排除"误差"的干扰，探寻变量间"真实"的相关系数，得出统一的研究结论。然而，迄今为止还没有一项研究能够全面系统地用定量的方法对工作-家庭正向溢出的前因变量及结果变量进行全面的总结和回顾。Greenhaus 和 Powell（2006）的理论性文章首次尝试从定性的角度进行总结，并提出了工作-家庭促进的理论模型。但是对以往的研究进行全面梳理后我们发现，学者们还没有对工作-家庭正向溢出及其与前因变量的关系进行细致的元分析。此外，对于结果变量来说，目前为止只有一项研究试图使用元分析方法整合已有的实证研究来对结果变量进行系统的回顾：McNall、Nicklin 和 Masuda（2010）对工作-家庭正向溢出的态度型结果变量及健康型结果变量进行元分析后发现，无论是工作向家庭的正向溢出还是家庭向工作的正向溢出都与工作和家庭领域的结果变量相关。但是 McNall 等（2010）的研究也存在一定的不足。例如，McNall 等（2010）的研究只涉及了工作-家庭正向溢出的态度型结果变量和健康型结果变量，没有讨论工作-家庭正向溢出对行为结果变量的影响，同时他们的研究只采用了 2008 年以前的 29 篇实证研究来作为研究样本。较小的影响效应（effect size）和不断出现的新的相关实证研究都提示我们，有必要重新以更全面的视角对工作-家庭正向溢出结果变量的元分析进行实时更新。

虽然以往实证研究检验了工作-家庭正向溢出与多种结果变量的关系，但是工作-家庭正向溢出对员工行为的作用机制问题仍然比较模糊，值得我们进行深入的探讨。研究工作-家庭正向溢出对员工行为的作用机制有助于管理者更深入地了解员工的行为，并对员工的行为进行预测。

因此，本书研究的第一个目的在于，采用元分析的方法对工作-家庭正向溢出的前因变量和结果变量进行全面系统的总结和分析，同时检验个体层面（人口统计学变量）、国家层面（国家文化）及方法层面（工作-家庭正向溢出构念的测量）的调节因素对工作-家庭正向溢出与前因变量及结果变量的影响，即从多个层面来检验工作-家庭正向溢出的边界条件。本书的研究结果有助于我们理解不同情景对员工工作-家庭关系的影响，也解释了为什么不同的研究会存在异质性的结论。本书研究的第二个目的在于探寻工作-家庭正向溢出对员工行为的作用机制。因为本书的两个研究目的不同，采用的研究方法不同，理论基础不同，所采用的样本也不同，所以本书采用两个相关但独立的方法来验证本研究的两个目的。具体内容如下：

研究一：首先，本书梳理了工作-家庭正向溢出与工作-家庭负向溢出的区别与联系。其次，我们根据 Brummelhuis 和 Bakker（2012）提出的工作-家庭资源模型，构建工作-家庭正向溢出与其前因变量（包括工作领域的前因变量、家庭领域的前因变量及个人特质的前因变量）之间的关系假设，同时根据 Greenhaus 和 Powell（2006）的工作-家庭增益模型，构建工作-家庭正向溢出与结果变量之间的关系假设。在本书的研究中，我们不仅区分了工作领域的结果变量和家庭领域的结果变量，还进一步将结果变量划分为态度型结果变量、健康型结果变量和行为型结果变量。这有助于我们更深刻地理解工作-家庭正向溢出的结果变量。再次，我们还检验了工作领域和家庭领域的直接影响效应和交叉影响效应。直接影响效应和交叉影响效应的检验和比较有助于我们理解工作领域和家庭领域的作用机制。最后，我们检验了个人层面、国家层面及方法层面对工作-家庭正向溢出与前因变量及结果变量之间关系的调节作用。本书的研究结论也提示我们，以往不一致的研究结论可能是不同层面的情景因素的调节作用导致的。

本书的研究结果显示，工作-家庭正向溢出与工作-家庭负向溢出是两个完全不同的概念；工作/家庭资源与工作-家庭正向溢出正相关，而工作

/家庭需求（除了工作超负荷）对工作-家庭正向溢出的直接影响效应不显著；工作-家庭正向溢出对工作和家庭领域的结果变量既有直接影响，也有交叉影响。此外，我们发现人口统计学变量、国家文化及构念调节了工作-家庭正向溢出与部分前因变量及结果变量之间的关系。

研究二：在一元分析的基础之上，根据以往的理论，我们进一步收集和整理了文献、数据，采用元分析-结构方程模型方法（Meta-SEM）来检验工作领域的态度型结果变量及健康型结果变量在工作-家庭正向溢出与行为型结果变量之间的中介作用机制，比较态度型结果变量（工作满意度、组织承诺、工作投入）与健康型结果变量（个体的生活满意度、总体健康水平）在工作-家庭正向溢出与行为型结果变量之间的中介作用的大小。这一研究结论能够帮助我们进一步明晰工作-家庭正向溢出是如何影响员工的行为的。

本书的研究结果显示，当结果变量是工作绩效时，除了组织承诺以外，工作满意度、工作投入、生活满意度和健康水平都中介了工作-家庭正向溢出与工作绩效之间的关系；而当结果变量为组织公民行为时，无论是态度型结果变量还是健康型结果变量，都中介了工作-家庭正向溢出与组织公民行为的关系。在所有变量的中介作用中，无论是工作绩效还是组织公民行为，工作投入对工作-家庭正向溢出与工作绩效和组织公民行为的间接影响都是最大的。

本书的最后，我们对研究结果进行了深入的讨论，总结了本书的理论贡献及实践启示，为管理者的管理实践及未来研究提出可行的、有建设性的意见和建议，也提出了本书研究的局限，为进一步的研究指明了方向。

徐姗

2022 年 3 月

目录

1 绪论

1.1 研究背景和目的

1.1.1 实践背景

20世纪60年代，随着越来越多的女性群体走出家庭进入职场，双职工家庭（即夫妻双方都参与工作）逐渐增多。对双职工家庭来说，夫妻双方都面临着平衡工作与家庭的挑战，他们不仅要应对工作上的压力，而且面临着履行家庭义务的需求。据美国劳动局统计数据显示，截至2009年年底，美国有59%的女性劳动力加入了"劳动力大军"（U.S. Bureau of the Census, 2010）。自1990年以来，双职工家庭已经成为美国社会最典型的家庭模式（Gilbert & Rader, 2008）。事实上，在过去的35年中，进入职场的母亲的数量显著增加，从47%增长到72%（U.S. Bureau of Labor Statistics, 2010）。2009年的数据显示，有57.6%的在职母亲有6岁以下的孩子需要照顾。Greenhaus和Powell（2006）强调，劳动力市场上将会有越来越多的双职工家庭出现。有趣的是，大多数双职工家庭的家庭背景跨越了多种种族群体及文化层次（Crosby & Sabattini, 2005）。因此，双职工家庭的出现对于女性群体来说是一个巨大的挑战，女性不仅在家庭领域需要照顾好家庭，在工作领域更是要做到"巾帼不让须眉"（Schultz, Chung & Henderson, 1989）。而对于男性群体来说，妻子加入"劳动力大军"就意味着其将会有较少的时间来处理家庭事务，男性不得不帮助其分担家务。实证研究表明，配偶有工作的男性比配偶没有工作的男性花费更多的精力在家庭事务中（如照顾小孩，分担家务等）（Alpert & Culbertson, 1987; Emmons, Biernat, Tiedje, Lang & Wortman, 1990; Hammer, Allen & Grigsby, 1997），Barnett和Shen在其1997年的研究报告中指出，双职工家庭的男性会参与45%的家庭事务。因此，无论是男性还是女性都面临着来自工作及家庭生活两方面的压力，员工的工作和家庭平衡关系也逐渐成为心理学家及组织行为学家们关注的重要话题。

有研究表明，一些个体和家庭认为，个人生活或家庭生活要比他们的工作重要。有越来越多的研究证据表明，无论是男性还是女性，在对他们参与的多种角色进行评估时，都认为他们所扮演的伴侣角色和父母角色要比所扮演的员工角色更为重要。例如，一项研究的调查结果显示，在参与调查的18~37岁的研究被试群体中，多数个体将家庭放在比工作更为优先的位置上。除此之外，研究结果还显示，对于已婚的男性群体和女性群体来说，有较高百分比的个体倾向于减少工作时间并增加与家人相处的时间（Bond, Galinsky & Swanberg, 1998; Schultz, Chung & Henderson, 1989）。由此看来，工作和家庭之间的平衡问题已经日渐影响人们的生活且受到越来越多的关注。

随着现代社会的发展、环境及工作条件的不断变化，人们生活和工作的方式也随之改变，这也迫使人们重新审视工作和家庭的关系问题（Edwards & Rothbard, 2000; Frone, 2003; Grzywacz & Marks, 2000）。例如，移动电话、电脑以及互联网等的出现，在工作和生活方式上赋予了人们更多的弹性和自主权，人们可以获得工作场所的弹性及工作时间的弹性，将办公地点更为灵活地设置在家中。这些环境及技术的改变使得人们的个人生活或家庭生活与工作联系得更为紧密，进一步促使工作领域和家庭领域的相互渗透（O'Driscoll, Brough & Kalliath, 2004），促使员工工作生活和家庭生活的融合。

Gilbert 和 Rader（2008）在其研究中强调，虽然工作和家庭之间的冲突可能会导致员工的健康问题，如抑郁、不良的生理健康状态等（Frone, Russell & Cooper, 1997），但是员工在工作和家庭领域扮演多种角色确实也会在一定程度上让员工个体受益（Barnett & Hyde, 2001）。例如，已有研究表明，员工扮演多种角色可以提高个体的生理健康和心理健康水平（Betz, 2006）。Whiston 和 Cinamon 对已有文献进行总结，并指出工作-家庭的促进与个体的精神状态和幸福感正相关（Grzywacz & Bass, 2003; Grzywacz & Marks, 2000）。正如 Greenhaus 和 Powell（2006）认为，理解工作领域和家庭领域之间的相互作用（无论是积极的作用还是消极的作用）是非常重要的。工作和家庭的正向影响能够给员工和组织带来诸多益处，不仅可以提高员工的健康水平及幸福感，而且能为组织带来多种正向的结果，如提高组织绩效等（王婷，徐培，朱海英，2001）。因此，工作-家庭正向溢出的研究比工作-家庭负向溢出（工作-家庭冲突）更能为研究者及管理者提供帮助员工平衡工作-家庭关系的研究结论及管理建议。

综上所述，双职工家庭的不断涌现使研究者和管理者不得不重视员工的工作-家庭关系问题，特别是员工的工作和家庭之间的正向影响关系。双职工家庭的逐渐增多以及工作家庭关系理论的不断发展促使我们对工作和家庭之间的积极影响进行深入的讨论。工作-家庭正向溢出领域的研究结论有助于研究者及管理者更好地理解员工在兼顾工作和家庭时的心理反应及行为动机。同时为了应对激烈的市场竞争，组织也有必要制定个性化的政策措施来帮助员工更好地面对工作和家庭领域的机遇与挑战。

1.1.2 理论背景

自 Rapoport 等（1969）发表了一篇关于双职工家庭的报告之后，许多行为学及管理学学者开始了对工作和家庭之间动态关系的研究，随后的 30 年中，工作与家庭之间的负向溢出，即工作-家庭冲突得到了广泛的关注（Bacharach，Bamberger & Conley，1991；Bedeian，Burke & Moffett，1988；Kopelman，Greenhaus & Connelly，1983）。直至 21 世纪初，工作-家庭冲突的研究一直在工作-家庭领域的研究中占主导地位，然而工作和家庭之间的正向溢出效应却长期被学者们所忽视（Hobrook，2005）。近年来，研究者将研究视角由原来的消极视角（工作和家庭的负向溢出，即工作-家庭冲突）逐步转向积极视角（工作和家庭的正向溢出，即工作-家庭促进）（Fisher-McAuley，Stanton，Jolton & Gavin，2003；Friedman & Greenhaus，2000；Grzywacz，2000；Grzywacz & Marks，2000a，2000b；Sumer & Knight，2001；Voydanoff，2004a，2004b）。工作-家庭关系研究的焦点也由原来的工作和家庭角色的相互冲突转向工作和家庭角色的相互增益，以及最后达到平衡。

基于工作-家庭正向溢出对工作和家庭生活的正向影响，学者们对引起工作-家庭正向溢出的前因变量做了大量的研究。这些前因变量包括家庭友好型政策（Frone，2003；Parasuraman，Purohit，Godshalk & Beutell，1996；Voydanoff，2001）、工作支持（Hammer，Kossek，Yragui，Bodner & Hanson，2009）、家庭支持（Aryee，Srinivas & Tan，2005；Cinamon & Rich，2010；Jin，Ford & Chen，2013）、工作压力（Isabel Sanz-Vergel，Demerouti，Moreno-Jimenez & Mayo，2010；Yanchus，Eby，Lance & Drollinger，2010）、家庭压力（Erickson，Martinengo & Hill，2010；Hill，Yang，Hawkins & Ferris，2004；Russo & Buonocore，2012）等。与此同时，一些研究检验了工作-家庭正向溢出的结果变量，如工作-家庭正向溢出可以促使个体在家庭及工作领域获得更高的绩效（Perry-Jenkins，Repetti & Crouter，2000），使个体对家庭生活有更好的积极心

理反馈（Barnett & Hyde, 2001; Ilies, Wilson & Wagner, 2009），同时也能使员工产生强烈的想要报答组织的意愿（Shockley & Singla, 2011）。

然而，对前人的研究进行梳理和总结后我们发现，在研究工作-家庭正向溢出与相关变量的关系时，以往研究存在诸多不一致的研究结论。例如，在讨论工作-家庭冲突与工作-家庭正向溢出时，有的学者认为两者是一个构念的两个极端（Tompson & Werner, 1997），而一些学者认为工作-家庭冲突与工作-家庭正向溢出是两个完全不同、相互独立的概念（Sumer & Knight, 2001）。再如，一些学者认为，工作需求能够显著地负向预测工作向家庭的正向溢出（Isabel, Demerouti, Moreno - Jimenez & Mayo, 2010），而 Grzywacz 和 Marks（2000）的研究却没有发现工作需求与工作向家庭的正向溢出之间有显著的预测关系。类似地，Martinson 和 Ferris（2003）的研究证明，家庭需求如照顾小孩的责任与家庭向工作的正向溢出显著相关，而 Grzywacz 和 Marks（2000）发现家庭需求与家庭向工作的正向溢出没有显著的相关关系。Wayne、Randal 和 Stevens（2003）的研究结果认为，工作向家庭的正向溢出能够显著地负向预测离职倾向，而 Fisher-McAuley 等（2003）的研究却没有发现工作向家庭的溢出与离职倾向相关的任何证据。再例如，Wayne 等（2004）的研究发现家庭向工作的正向溢出与工作满意度没有显著的预测关系，但是 Lu 等（2009）的研究结果显示，家庭向工作的正向溢出能够显著地预测工作满意度。这里所举的例子并没有穷尽以往不一致的研究结论，但是诸多的例子提醒我们，出现不一致的研究结论的原因也许是实证研究不可避免地会受到测量误差、抽样误差或情景因素的影响，如果我们仍然采用问卷调查及抽样的方式，就不能避免测量误差及抽样误差的影响，不能得到变量间"真实"的相关系数。因此，本书试图采用元分析的方法，在除去测量误差及样本误差的基础上探索工作-家庭正向溢出与相关变量之间"真实"的相关关系。

虽然以往的研究探索了工作-家庭正向溢出多种前因变量及结果变量的关系，但是对国内外以往的理论研究和实证研究进行系统的梳理和总结后，我们发现自从研究者开始关注工作-家庭正向溢出，在长达十几年的时间里，还没有一项研究能够系统地用定量的方法对工作-家庭正向溢出的前因变量及结果变量进行全面的总结。Greenhaus 和 Powell（2006）首次尝试从定性的角度对之前的研究进行回顾，并提出了工作-家庭促进的理论模型。然而，纵观以往的研究，学者们没有对工作-家庭正向溢出及前因变量的关系进行细致的元分析。针对结果变量，虽然工作-家庭正向溢出与结果变量的研究取得了显著的进展，但是目前为止，只有一篇涉及元分析的文章试图整合已有的实证研究来对结果变量进行系统的回顾：McNall 等（2010）对工作-家庭正向溢出的五项态度型结果变量及两项健康型结果变量进行元分析，发现无论是工作向家庭的正向溢出还是家庭向工作的正向溢出都与工作和家庭领域的结果变量相关。McNall 等（2010）的研究也存在一定的不足。第一，该研究回顾了七种结果变量，包括三项工作领域的态度型结果变量，两项家庭领域的态度型结果变量以及两项个体健康相关的结果变量，除此之外，该研究没有涉及行为结果型结果变量（如绩效、组织公民行为等）。第二，虽然该研究检验了性别以及不同构念的调节作用，但是该研究忽视了其他个体层面的调节因素（人口统计变量）及国家层面的调节因素（文化）的影响。第三，McNall 等（2010）使用了从 1954 年至 2008 年期间发表的 29 项实证研究作为研究样本，但是 2008 年之后出现的大量实证研究并没有被包括在研究样本内。因此我们有必要以更全面的视角对结果变量的元分析进行实时的审视和更新。

以往不一致的研究结论也提示我们，工作-家庭正向溢出与相关变量之间的关系也可能受到调节因素的影响。McNall 等（2010）的研究检验了性别及不同构念的调节作用，但是，诸多方面的调节因素都影响着工作-家庭正向溢出与相关变量之间的关系，个体层面如性别、年龄、个体的家庭特征（如孩子数目、婚姻状况）等，以及国家层面如文化价值观导向，都影响着人们对工作-家庭关系的感知。因此，我们有必要从不同层面的情景因素来审视工作-家庭正向溢出与相关因素的关系。

虽然以往的实证研究检验了工作-家庭正向溢出与多种结果变量（如行为型结果变量：工作绩效、组织公民行为等；态度型结果变量：满意度、组织承诺等；健康型结果变量：心理健康、生理健康；等等）之间的关系，但是工作-家庭正向溢出对结果变量的作用机制是如何发生的仍然是一个尚待解决的问题。例如，根据情感事件理论（AET 理论），学者们认为，人们对工作场所事件的反应决定了个体的态度，进而决定了个体的行为。应用情感事件理论来解释工作-家庭领域的研究问题，即工作向家庭正向溢出对工作场所行为（如绩效）的影响是通过个体的态度（如满意度、组织承诺等）（Carlson, Kacmar, Zivnuska, Ferguson, Whitten, 2011a）来实现的。然而也有学者认为，个体的健康水平，包括生理健康及心理健康都有可能影响工作场所中个体的行为（如绩效、缺勤、离职、出勤率等）（Wright & Cropanzano, 2000）。因此，工作向家庭的正向溢出对员工行为的作用机制问题仍然值得我们进行深入的探讨，并且对于各种途径的作用机制的研究和理解有助于管理者更深入地了解员工的行为，从而对员工的行为进行预测。因此，在研究二中，我们在元分析的结果之上，采用元分析-结构方程模型（Meta-SEM）来检验工作领域的态度型结果变量（工作满意度、组织承诺等）及健康型结果变量（个体的生活满意度、总体健康水平）在工作向家庭正向溢出与员工行为（工作绩效、组织公民行为）之间的中介作用机制，并且比较态度型结果变量与健康型结果变量在工作向家庭的正向溢出与行为型结果变量之间关系的中介作用的强弱。

1.1.3 研究目的

基于以上论述，本书在以往实证研究的基础上，主要利用元分析的方法对工作-家庭正向溢出的相关变量进行系统的总结和回顾，并采用元分析-结构方程模型验证工作-家庭正向溢出对员工行为的影响机制。因此，本书的研究目的主要有以下两点：

①本书基于工作-家庭正向溢出以往的实证研究，采用元分析的方法，利用以往研究的数据及统计参数对工作-家庭正向溢出及前因变量和结果变量进行全面、系统的定量分析，力图在排除测量误差及样本误差的基础上，为以往不一致的研究结论提供统一的研究结论。本书检验不同层面的调节因素，如个体层面的人口统计学变量（性别、年龄、孩子数目及婚姻状况）、国家层面（国家文化）以及方法层面（工作-家庭正向溢出不同构念）对工作-家庭正向溢出与前因变量及结果变量之间的调节效应，力求为以往不一致的研究结论提供合理的解释。

②探析工作-家庭正向溢出对员工行为的影响机制。根据前人的研究观点及研究结论，本书尝试采用元分析-结构方程模型的方法，通过检验态度型结果变量和健康型结果变量在工作-家庭正向溢出与行为型结果变量之间的中介作用来解释工作-家庭正向溢出对员工行为的作用发生机制。

1.2 研究内容和方法

1.2.1 研究内容

因为本书所涉及的两个研究目的不同，使用的研究方法不同，研究样本不同，研究理论基础不同，所以我们采用两项独立但相互关联的研究来验证本书的研究目的。

在研究一中，研究内容主要有以下几个方面：

①采用元分析的方法对工作-家庭冲突及工作-家庭正向溢出在概念上加

以区分，为验证工作－家庭正向溢出与工作－家庭负向溢出的关系提供元分析证据。

②利用元分析的方法对工作－家庭正向溢出的前因变量及结果变量进行系统的定量回顾，对以往实证研究结论进行总结性分析，并得出统一的、一般性的结论。

③检验工作领域与家庭领域的领域内直接效应（within-domain）以及领域间交叉效应（cross-domain），并且将两种效应进行比较，丰富了工作－家庭正向溢出的理论。

④检验工作－家庭正向溢出与前因变量及结果变量关系之间的调节因素，研究结果可以加深我们对工作－家庭关系边界条件的理解，同时也解释了不同研究结果的异质性。

根据在研究一中得到的统计参数和结果，在研究二中验证工作－家庭正向溢出对员工行为结果的作用发生机制，即检验工作领域态度型结果变量（包括工作投入、工作满意度、组织承诺）及健康型结果变量（生活满意度及健康水平）与工作－家庭正向溢出与行为型结果变量（工作绩效及组织公民行为）之间的中介作用。此研究结论有助于我们更好地明晰工作－家庭正向溢出对员工行为的影响机制。

1.2.2 研究方法

1.2.2.1 研究一元分析方法简介

在研究一中，本书主要采用元分析的方法对研究问题进行分析和阐释。原因主要有以下几点：第一，元分析的基本思想在于，如果不存在测量误差及抽样误差，那么所有研究的相同变量间的相关关系应该没有显著的差别，但是正因为存在测量误差及抽样误差，所以才会有不一致的研究结论。如果去除了测量误差和抽样误差，相同变量间的相关关系仍然不一致，那么就说明变量间的关系受到调节因素的影响。元分析可以针对不一致的研究结论，排除测量误差及抽样误差的影响，探寻变量间"真实"的相关系数。第二，元分析的调节效应检验也可以验证变量间关系是否受到情景因素的调节效应影响。第三，元分析也是一种总括性的分析，可以给趋于成熟的研究领域做一个很好的定量的总结。因此，针对以往诸多不一致的研究结论，研究一采用元分析的方法，利用以往实证研究的样本数据及统计参数，对工作－家庭正向溢出及变量间的关系进行全面系统的定量分析，丰富工作－家庭正向溢出已有的研究理论。

1.2.2.2 元分析方法的应用

在对国外文献进行搜索的过程中，我们发现元分析方法被广泛地应用于生物科学、地质和环境科学、保健科学、应用科学、心理学、传媒与艺术、教育学、文学和语言学、哲学及宗教、社会科学等领域。Moulton 和 Samuel Taylor 采用元分析的方法检验了个体幸福感与认知能力的关系。Spiser-Albert 和 Valarie Lynne 采用元分析的方法检验了在组织裁员过程中员工组织承诺与公平感之间的关系。Jackson 和 Timothy 同样采用元分析的方法探析领导力、组织承诺以及文化之间的关系。此外，在工作-家庭关系领域的研究中，有多篇使用元分析方法的工作-家庭关系的论文发表在国际一流期刊上，例如 Ford、Heinen 和 Langkamer（2007）发表在 *Journal of Applied Psychology* 上的文章以元分析的方法，探讨了工作满意度、家庭满意度和工作-家庭冲突的关系。Michel 等（2011）发表在 *Journal of Organizatonal Behavior* 上的元分析文章总结了工作-家庭冲突与前因变量之间的关系。因此，元分析作为近年来日趋成熟的、先进的研究方法，已经得到了国际上组织行为研究领域的研究者的认可并被广泛使用。本书的研究也为丰富工作-家庭领域的研究做出了一定的理论贡献，实现了在理论方面的创新。

元分析方法在国内的若干研究领域也得到了越来越广泛的使用。例如，卢红敏（2010）使用元分析的方法研究了面向对象度量与易变性的关系。毛双林（2010）采用元分析的方法探究了小麦重要性状及光合功能与耐湿性定位。在管理学的研究中，元分析的方法也得到了一定的应用。因此，本书的研究使用元分析的方法来探究工作-家庭正向溢出与相关因素的关系，实现了在方法层面的创新。

1.2.2.3 研究二元分析-结构方程模型简介

在组织行为科学的研究中，结构方程模型被普遍地用于检验含有多个潜变量的假设模型。一些学者对文献进行回顾发现，结构方程模型因具有较多的优点，已经成为一种日趋流行的研究分析工具。但是，近年来，一些学者发现，结构方程模型方法也有其自身潜在的缺陷（Cheung & Chan，2005）。研究者认为，使用结构方程模型研究相同问题的研究者也不一定能够得到相同的结论，原因在于，不同的研究者提出的冗余模型只有自身研究的数据才能够支持，所以我们不能对这些模型进行系统的比较，并且很少有研究者愿意考虑使用备择模型（MacCallum & Austin，2000）。这就造成了一种偏误，即模型评价的偏误。因此，相似研究得出的结论如果不一致，那么进行再多的实证研究也不能对同一个研究主题得出确切的定论。在此背景下，元分析-结构方程模型的方法应运而生。元分析-结构方程模型作为近年来新兴的一种研究分析方法，能够避免上述结构方程模型中出现的偏误。这种方法综合了元分析方法和结构方程模型，即使用元分析技术得出的一系列相关系数来构建完备相关系数矩阵，并采用结构方程模型的分析方法进行分析（Viswesvaran & Ones，1995）。

因此，本书的研究二在研究一元分析结果的基础之上，进一步搜集并整理相关文献，构建中介效应变量间的完备的相关系数矩阵，并利用结构方程模型对构建的相关系数矩阵进行分析，检验研究二中变量的中介作用。

1.2.3 本书研究的创新点

1.2.3.1 理论层面

①我们首先验证工作-家庭负向溢出与工作-家庭正向溢出的区分效度，证明工作-家庭正向溢出与工作-家庭负向溢出是两个相互关联又相互独立的构念，为以往不一致的研究结论提供了元分析证据。

②我们根据 Brummelhuis 和 Bakker（2012）提出的工作-家庭资源模型，检验工作-家庭正向溢出与前因变量的关系。前因变量包括工作领域的前因变量、家庭领域的前因变量。我们也考虑了个人资源，即个人特质对与工作-家庭正向溢出的影响，为工作-家庭正向溢出前因变量的研究提供了一个更为系统的研究框架。

③基于 McNall 等（2010）的研究，我们对 12 种以往研究频繁检验的结果变量，包括态度型结果变量、健康型结果变量及行为型结果变量进行元分析，补充了 McNall 等（2010）的模型，并囊括了 2008 年以后工作-家庭正向溢出结果变量的共 85 项研究，对 McNall 等（2010）的研究进行更新和补充。同时本书的研究也力图检验工作-家庭正向溢出与结果变量的直接影响效应和交叉影响效应，并比较两者之间的强弱，丰富工作-家庭关系领域的理论。

④检验个体层面、国家层面、方法层面的调节因素对工作-家庭正向溢出与前因及结果变量关系之间的调节效应，研究结果可以加深我们对工作-家庭关系边界条件的理解，同时也解释了不同研究结果的异质性。

⑤采用元分析-结构方程模型对工作-家庭正向溢出与员工个体行为的作用机制进行验证，探寻工作-家庭正向溢出究竟通过何种途径影响员工的行为，以全新的视角为研究者和管理者提供意见及建议。

1.2.3.2 方法层面

①元分析作为一种总结性的研究方法，以其自身的优点得到了国内外研究者的普遍认可，并应用于多个学科研究领域，特别是在国外管理学及心理学的研究中，得到了广泛使用。元分析能够避免问卷调查类实证研究存在的测量误差和样本误差，同时能够对某一研究话题进行全面系统的总结。因此，使用元

分析的方法来检验研究一的研究问题是本书的研究在方法层面的第一个创新。

②元分析–结构方程模型是近年来新兴的一种研究方法，结合了元分析与结构方程模型两种方法的优点，可以不受抽样数据的限制，为研究者提供稳健的路径分析结果。因此，使用元分析–结构方程模型来检验研究二的研究目的，是本书的研究在方法层面的第二个创新。

1.3　研究思路和框架

1.3.1　研究思路

虽然近年来，工作–家庭正向溢出领域的研究日趋完善，研究者们也得出了很多有贡献性的研究结论，但是，如前文所述，工作–家庭正向溢出领域的研究中仍然存在很多不一致的研究结论。而这些不一致的研究结论很可能是由实证研究不可避免的抽样误差及测量误差导致的，同时也有可能是情景因素的调节作用所致。因此，我们认为，如果仍然采用传统的问卷调查及抽样的方式，仍然不能避免误差所造成的偏误，唯有采用元分析的研究方法，在排除误差干扰的基础上进行研究，或许才能针对以往的不一致的研究得出统一的定论。

因此，本书的研究的首要目的是对工作–家庭正向溢出及相关因素进行全面系统的元分析。在第一项研究中，针对工作–家庭正向溢出与前因及结果变量的主效应及调节效应，我们进行了一次全方位的文献搜集及筛选，共收集英文文献213篇。经过筛选后有效的文献为79篇，中文文献6篇。历时5个月的时间，我们对文献进行整理并对数据进行编码。对于编码过程中不一致的编码结果，我们重新检查了文献及数据，然后采用元分析的方法对数据进行分析，得出相应的研究结论。

在研究一的文献梳理及模型构建的过程中，我们发现，工作–家庭正向溢出对个体行为的作用机制仍然是一个悬而未决的问题。有些学者认为个体感知的工作–家庭正向溢出会通过个体的态度影响行为；而另外一些学者认为，个体感知的工作–家庭正向溢出也会通过个体的健康状况影响员工行为。因此，在研究一的元分析基础上，我们利用研究一已经得到的部分"真实"相关系数，采用元分析–结构方程模型的方法对工作–家庭正向溢出与个体行为变量间的作用机制进行检验，即检验工作领域的态度型结果变量和健康型结果变量在工作-家庭正向溢出和行为型结果变量之间的中介作用。在这一步的研究中，我们进行了第二次的文献收集。在第二次文献收集的过程中，我们共收集112篇文献。筛选后的有效文献为53篇，其中包括元分析文献10篇，实证研究43篇。同样历时3个月的时间，我们对文献进行整理和编码。之后我们采用元分析-结构方程模型方法来检验态度型结果变量和健康型结果变量在工作-家庭正向溢出和行为型结果变量之间的中介作用。

1.3.2 框架结构

第1章 绪论。这一部分首先介绍本书的研究的理论背景及实践背景，并在回顾梳理以往研究的基础上提出本书的研究目的，并对研究内容和研究方法做简要的介绍，同时交代本书的研究思路和结构安排。

第2章 文献综述。根据本书的研究目的，首先总结工作-家庭正向溢出的国内外研究现状，并对以往的工作-家庭正向溢出的相关概念进行回顾；其次，明确工作-家庭正向溢出的概念界定，介绍以往研究对工作-家庭正向溢出与工作-家庭负向溢出（工作-家庭冲突）的区别与联系，并讨论该构念若干测量的区别与不同；再次，根据以往研究对工作和家庭边界的讨论，介绍工作领域和家庭领域相互影响的领域内直接影响效应和领域间的交叉影响效应；最后，对工作-家庭正向溢出的理论模型进行文献综述，并选择符合本书的研究目的的理论模型。

第3章 研究构思与设计。在第3章的内容中，根据本书的研究目的，我们对研究的总体构思及设计进行交代，并以选择的理论模型为基础，构建本书的研究框架，最后陈述本书的技术路线。

第4章 工作-家庭正向溢出与相关变量的元分析。在这部分的讨论中，我们首先明确研究一的研究目的，对以往的工作-家庭正向溢出的基本理论模型进行回顾；其次，针对研究一的研究目的及自身特点选择适合的相关理论模型作为理论基础；最后根据所选理论模型构建研究假设，采用元分析的方法对工作-家庭正向溢出及相关变量进行分析，得出研究结论。

第5章 工作-家庭正向溢出与个体行为作用机制研究：元分析-结构方程模型。我们首先明确研究二的研究目的，根据研究二的理论基础构建中介效应的假设模型；其次，在之前元分析的基础之上进行第二次文献、数据的收集和整理，构建检验中介作用的相关系数矩阵；最后，采用元分析-结构方程模型的方法来检验态度型结果变量和健康型结果变量在工作-家庭正向溢出和行为型结果变量之间的中介作用，得出研究结论。

第6章 结果讨论与思考。我们对本书的研究结果进行了深入的讨论，提出了本书的理论贡献及管理实践启示。

第7章 研究局限及未来展望。最后，本书也提出了本书的研究的局限及未来的研究方向，为管理者的管理实践及未来研究提出可行的、有建设性的意见和建议。在本书的末尾，我们对本书的研究结论进行了总结。

2 文献综述

2.1 元分析文献综述特点及主要内容

基于元分析研究方法的特点，文献综述部分的内容与以往研究有显著的不同，原因主要有以下两点：

第一，元分析方法的特点是对某一研究话题做出系统全面的总结性分析，主要围绕一个中心变量（本书为工作-家庭正向溢出）探析其与相关变量的关系，而工作-家庭正向溢出的相关因素涉及多个种类的变量。我们需要选择合适的理论模型，来构建本书的研究框架，因此，对现有的工作-家庭正向溢出的理论模型进行综述就显得尤为重要。

第二，由于元分析本身属于一种总结性的分析，不同于以往实证研究只针对模型涉及的几个变量进行综述，本书的研究是对工作-家庭正向溢出的前因和结果，加上调节因素共35个变量进行回顾和总结。所以针对这一特点，我们没有办法在文献综述部分对所有的变量进行文献综述，而是在研究一的假设部分，在理论模型的指引下探索变量间的关系，并回顾前人的相关研究，在此基础上提出研究假设。

因此，文献综述部分也主要围绕中心变量工作-家庭正向溢出展开，主要介绍工作-家庭正向溢出的国内外研究现状，以及与本书的研究相关的工作-家庭正向溢出相关概念辨析，最后对工作-家庭正向溢出以往研究的理论模型进行综述，并做出评价和选择。

2.2　工作-家庭正向溢出研究述评

2.2.1　工作-家庭正向溢出国外研究述评

国外对于工作-家庭正向溢出的研究起步较早，早在 1974 年，Sieber 提出的角色积累理论就阐述了工作和家庭之间彼此的正向影响可以使个体获得多种益处。但是随后的 30 年间，工作-家庭关系领域的研究者主要将关注点放在了工作-家庭冲突上，因此，工作-家庭冲突的理论比工作-家庭正向溢出的理论更为丰富。直至 21 世纪初，工作-家庭正向溢出的研究逐渐兴起，工作-家庭正向溢出的研究得到了越来越广泛的关注。

研究者常用角色理论来解释工作-家庭关系的相互影响，该理论指出员工承担着诸如雇员和家庭成员等多种不同的角色，这些角色之间既有冲突也有相互促进作用。基于角色理论的资源稀缺假说认为，个体的时间和精力是有限的，工作和家庭不同的角色之间会因争夺个体有限的资源而产生冲突（Shaffer, Harrison, Gilley & Luk, 2001; Karatepe & Bekteshi, 2008; 唐汉瑛，马红宇，王斌，2007）。同时，个体也会因着参与不同的角色（工作角色和家庭角色）获取更多的资源，从而使角色之间产生相互促进的作用。例如 Karatepe 等（2008）以阿尔巴尼亚酒店行业一线员工为样本，用资源稀缺假说和加强假说解释了工作-家庭关系中的冲突和促进，即资源稀缺假说认为个体拥有有限的资源（如时间、精力等），这些资源会由于不同角色的参与产生消耗，造成冲突（Greenhaus & Beuttell, 1985）；加强假说则认为个体在角色参与中积累了资源（金钱、社会资本等），使得角色之间相互促进（Greenhaus & Powell, 2006）。

随着工作-家庭冲突研究的逐渐成熟，多项元分析研究对工作-家庭冲突和相关因素的关系进行了总结。例如，Michel 等（2011）总结了工作-家庭冲突与前因变量之间的关系。而 Chen、Zhang 和 Lin（2010）的元分析总结了工作-家庭冲突与工作领域结果变量之间的关系；Ford、Heinen 和 Langkamer（2007）则探究了工作-家庭冲突与结果变量：工作满意度及家庭满意度之间的关系。或许是工作-家庭正向溢出较工作-家庭冲突的研究起步晚，纵观工作-家庭正向溢出领域的总结性研究，只有 McNall 等（2010）对工作-家庭正向溢出与结果变量的关系进行了总结，且该项元分析仅包括 29 项实证研究，

7个结果变量。而据我们所知，目前还没有研究针对工作-家庭正向溢出与前因变量的关系进行系统的元分析。除此之外，如前文所述，虽然诸多实证研究检验了工作-家庭正向溢出与前因和结果变量的关系，但是以往研究呈现出诸多不一致的研究结论。例如，Wayne、Randal 和 Stevens（2003）的研究结果认为工作向家庭的正向溢出与离职倾向显著负相关，而 Fisher-McAuley 等（2003）的研究却没有发现工作向家庭的溢出与离职倾向相关的任何证据。因此，随着工作-家庭正向溢出的研究逐渐增多，工作-家庭领域的研究也需要一项总结性的研究来对其前因变量和结果变量进行系统的回顾与总结。

2.2.2　工作-家庭正向溢出国内研究述评

国内对于工作-家庭关系的研究相对于国外起步较晚，在收集文献的过程中，我们发现仅有46篇发表在国内管理学和心理学领域 A 级期刊或者 B 级期刊上的文章探讨了工作和家庭之间的关系。其中有 29 篇文章研究了工作-家庭冲突相关议题，10 篇文章讨论了工作-家庭促进、增益或者平衡，7 篇文章既探讨了工作-家庭冲突也探讨了工作-家庭促进。在涉及工作-家庭促进、增益或者平衡的文献当中，一些是理论性评述，排除与本书不相关的文献，仅有 6 篇文章涉及本书研究的相关变量。例如，马红宇等（2014）发表在《心理学报》上的文章探讨了边界弹性与工作-家庭冲突、增益的关系。马丽、徐枞巍（2011）验证了个体和组织在工作-家庭边界管理风格上的匹配与工作-家庭冲突和促进之间的关系。周璐璐、赵曙明（2010）探讨了工作时间与工作-家庭增益的关系。赵简、孙健敏、张西超（2013）研究了工作要求-资源、心理资本对工作-家庭关系的影响。而侯敏等（2014）以教师为样本探讨了工作-家庭促进和主动行为在情绪智力和工作绩效间的中介作用。最后，张莉等（2012）探讨了支持资源作用下的工作-家庭促进及情感倾向的调节作用。

因此，从表2.1中我们可以看出，国内对工作-家庭关系的研究仍然以工作-家庭冲突为主，对工作-家庭促进的实证研究仍然较少。在管理学和心理学领域 A 级期刊或者 B 级期刊上有关工作-家庭正向溢出的文章当中，仅有 6 篇文章涉及与本书的研究相关的变量，本书将这 6 篇中文文献包含在本书的研究样本中。鉴于中文文献较小的影响效应，因此在本书的研究中，我们用于编码的文献多数来自英文文献。

表 2.1　国内工作-家庭关系研究文献汇总

期刊	篇数	工作-家庭冲突/工作-家庭正向溢出	备注
《心理学报》	4	3 篇工作-家庭冲突； 1 篇工作-家庭冲突、增益	1 篇与本书的研究相关
《管理世界》	1	1 篇工作-家庭冲突	
《科研管理》	1	1 篇工作-家庭冲突	
《南开管理评论》	3	1 篇工作-家庭冲突； 1 篇工作-家庭冲突、促进； 1 篇工作-家庭冲突、平衡	1 篇与本书的研究相关
《心理科学》	16	10 篇工作-家庭冲突； 4 篇工作-家庭冲突、促进； 2 篇工作促进	1 篇与本书的研究相关
《心理科学进展》	3	1 篇工作-家庭冲突； 1 篇工作-家庭促进； 1 篇工作-家庭平衡	
《心理发展与教育》	3	2 篇工作-家庭冲突； 1 篇工作-家庭促进	1 篇与本书的研究相关
《科学学研究》	2	1 篇工作-家庭冲突； 1 篇工作-家庭平衡	
《管理科学》	6	4 篇工作-家庭冲突； 1 篇工作-家庭平衡； 1 篇工作-家庭增益	1 篇与本书的研究相关
《管理工程学报》	1	1 篇工作-家庭冲突；	
《管理学报》	6	4 篇工作-家庭冲突； 2 篇工作-家庭促进	1 篇与本书的研究相关

2.3　工作-家庭正向溢出相关概念辨析

2.3.1　工作-家庭负向溢出与工作-家庭正向溢出的区别与联系

有关工作角色和家庭角色之间正向依赖的研究近几年来得到了学者们的广泛关注，研究者使用的概念多种多样，其中包括正向溢出（positive spillover）（Grzywacz & Marks，2000；Kirchmeyer，1992）、促进（facilitation）（Frone，

2003）、增强（enhancement）（Ruderman, Ohlott, Panzer & King, 2002），还有被学者广泛应用的增益（enrichment）（Greenhaus & Powell, 2006; Rothbard, 2001）。Greenhaus 和 Powell（2006）将工作家庭增益定义为：个体在一个角色中的经历体验能够提高另一个角色生活质量的程度。即个体在一个角色中获得的资源（如经验、技能、社会资本等），可以促进另一个角色中个人表现的提升。与工作-家庭冲突类似，工作-家庭正向溢出分为两个方面：工作向家庭的正向溢出和家庭向工作的正向溢出。即此概念包括双向含义：一是参与工作角色可以提高家庭角色的绩效（即工作向家庭的正向溢出）；二是参与家庭角色可以提高工作角色的绩效（即家庭向工作的溢出）（Frone, 2003; McNall et al., 2010）。为了避免产生困惑，本书采用"工作-家庭正向溢出"表示工作和家庭之间双向的作用（包括工作向家庭的正向溢出和家庭向工作的正向溢出），而工作和家庭之间单向的作用则用工作向家庭的正向溢出和家庭向工作的正向溢出来表示。

　　工作-家庭关系领域的研究学者已经检验了工作-家庭冲突及工作-家庭正向溢出的主要维度，工作-家庭关系分为四个维度：工作对家庭的负向溢出（工作对家庭的冲突），工作对家庭的正向溢出，家庭对工作的负向溢出（家庭对工作的冲突）及家庭对工作的正向溢出。一些研究讨论了工作对家庭的冲突与家庭对工作的冲突的区别（Frone, Russell & Cooper, 1992a, 1992b; Netemeyer, Boles & McMurrian, 1996），以及工作对家庭的正向溢出和家庭对工作的正向溢出之间的区别（Grzywacz & Marks, 2000a, 2000b; Kirchmeyer, 1993）。一些学者认为，工作-家庭冲突与工作-家庭正向溢出这两个不同的构念的关注点有所不同，工作-家庭冲突关注的是工作与家庭之间的关系的不协调、薄弱之处以及"病态"的关系；而工作-家庭正向溢出指的是工作和家庭关系之间相互增强、"健康"的关系。与此同时，一些研究表明，工作-家庭冲突和工作-家庭正向溢出不是完全独立的两个构念，而是相伴相生的（Kirchmeyer, 1993; Tiedie et al., 1990; Gryzwacz & Marks, 2000a, 2000b; Voydanoff, 2004a, 2004b）。还有一些学者认为工作-家庭负向溢出与工作-家庭正向溢出是一个连续谱的两个极端，即高水平的工作-家庭负向溢出就意味着低水平的工作-家庭正向溢出（Tompson & Werner, 1997）。总体来说，多数学者认为工作-家庭冲突与工作-家庭正向溢出是不相关的（Sumer & Knight, 2001; Voydanoff, 2004a, 2004b; Wayne, Musisca & Fleeson, 2004）；一些学者认为工作-家庭冲突和工作-家庭正向溢出是显著相关的，但是相关性很弱（Sumer &

Knight, 2001；Voydanoff, 2004a, Wayne, Musisca & Fleeson, 2004）。例如，Brockwood、Hammer 和 Neal（2003）对既有小孩又有老人需要照顾的双职工家庭进行了研究，结论表明无论是男性还是女性，也无论其感知到的工作家庭冲突水平是高还是低，个体参与某一角色（如照顾小孩、照顾父母、工作需求）所得到的益处都会溢出到另一角色。因此，总体来说，工作家庭冲突和工作家庭促进是相互独立的，但是会同时发生（Holbrook, 2006）。近年来，也有一些研究探讨了工作家庭这四个纬度对工作领域结果变量、家庭领域结果变量及个体的心理及生理健康的影响（Grzywacz, 2000；Grzywacz & Marks, 2000a, 2000b；Kirchmeyer, 1992a, 1992b, 1993）。在"研究假设的假设一"中，我们将详细论述工作-家庭冲突与工作-家庭正向溢出之间的关系。

2.3.2　工作-家庭正向溢出不同测量构念辨析

基于 Sieber（1974）和 Marks（1977）的工作-家庭关系的理论性研究，研究者们逐渐开始关注研究个体的多种角色之间的相互促进作用。以往研究也检验了影响工作-家庭正向溢出的各种因素，以及工作-家庭正向溢出对于结果变量（如工作满意度、员工心理健康和生理健康）的影响。然而，仅仅关注工作角色和家庭角色之间的促进关系是不够的。工作领域之外的一些非家庭角色，如婚姻、父母、社区等角色之间的关系也同样为我们提供了有用的信息。工作-家庭正向溢出不同构念的测量也反映了这些信息。在这一部分的内容中，我们主要讨论工作-家庭正向溢出的不同测量概念之间的区别与联系。

以往研究使用不同的构念来定义工作与家庭之间的正向影响，如工作-家庭正向溢出（work-family positive spillover），工作-家庭获益（work-family gain），工作-家庭增强（work-family enhancement），工作-家庭促进（work-family facilitation），工作-家庭增益（work-family enrichment）及工作-家庭匹配（work-family fit）。虽然这几种构念都代表着工作与家庭之间的正向影响，但在概念上却有一定的差别。

工作-家庭增强（work-family enhancement）被定义为从工作领域或者家庭领域获得的资源及经验可以帮助个体面对生活中的挑战（Sieber, 1974），所以工作-家庭增强强调的是个体获得的资源，但这种资源却不一定能从工作领域溢出到家庭领域或从家庭领域溢出到工作领域。工作-家庭增益（work-family enrichment）强调从一个领域（工作或者家庭）获得的资源可以帮助个体在另一个领域（家庭或者工作）获得更高的绩效。而工作-家庭溢出（work-family spillover）（Crouter，1984）则指的是个体从一个领域获得的资源（如情感、技巧、价值观及能力等）能够转移到另一个领域，使得工作和家庭两个领域保持相似或平衡（Edwards & Rothbard，2000）。工作-家庭增益（work family enrichment）及工作家庭溢出（work-family spillover）两者的区别在于构念所体现的正向影响是否提高了另一个领域的绩效或生活质量，工作-家庭增益强调资源不仅可以从一个领域转移到另一个领域，更重要的是这种资源可以提高每个领域的绩效或生活质量，而工作家庭溢出却没有强调这一点。正如Powell 和 Greenhaus（2004）指出的那样，如果工作家庭增益（work-family enrichment）发生，那么个体获得的资源不仅要从一个领域转移到另一个领域，而且还必须以某种方式提高个体在另一个领域感知到的积极情感及绩效。工作-家庭促进（work-family facilitation）被定义为从一个领域获得的福利可以提高其他领域的整体系统功能，具体来说，工作-家庭促进（work-family facilitation）与工作-家庭增益（work-family enrichment）的区别在于工作-家庭增益（work-family enrichment）强调增强"个体"的绩效和生活质量，强调的是提高整体"生活系统"功能。举个例子来说，当工作-家庭促进（work-family facilitation）发生时，个体在家庭领域经历的正向情感可以帮助其在工作领域提高绩效及对工作的正向情感，同时也能够增强个体与"系统（工作领域或者家庭领域）"内的其他成员之间的人际关系，如工作团队关系或者上下级关系等。

本书的研究采用工作-家庭正向溢出来统一概括工作-家庭之间的正向影响，原因有二：一是在上文论述的工作-家庭正向影响的构念中，工作-家庭正向溢出的概念最为宽泛；二是多数的研究者都采用工作-家庭正向溢出这一概念来对工作和家庭之间的正向影响进行测量。因此，本书采用工作-家庭正向溢出来统一定义本书的中心变量（工作和家庭之间的正向影响）。

2.3.3　工作-家庭正向溢出的测量

针对工作-家庭溢出的不同测量构念，不同的学者采用了不同的测量量表。以往研究对工作-家庭的正向溢出的测量多数都使用正向溢出（positive spillover）而不是工作-家庭增益（work-family enrichment）。在这些研究中，多数的量表都测量了工作向家庭的正向溢出及家庭向工作的正向溢出，少数研究只测量了单一的方向。一些研究既测量了工作-家庭冲突也测量了工作-家庭正向溢出。

例如，Wayne、Musisca 和 Fleeson（2004）在研究中使用八个题项测量了工作向家庭的促进以及家庭向工作的促进。其中，工作向家庭的促进被定义为工作领域的技能、行为、积极情绪能够正向影响家庭角色的程度，本书采用了四个题项来测量工作向家庭的促进。这四个题项分别是：你在工作上做的事情使你在家庭中变成一个更加风趣的人；结束了一天愉快的工作后，你可以更好地陪伴你的家人；你在工作中使用的技能有助于你处理家庭事务；你在工作上做的事情有助于你处理个人和实践问题。家庭向工作的促进被定义为在家庭领域获得的资源，如积极情绪、行为、支持等影响工作角色的程度，本书同样采用了四个题项来测量家庭向工作的促进。这四个题项分别为：与家人的交谈能够帮助你处理工作事务；满足家人的需要可以使你更加努力地工作；在家庭中得到的爱和尊重可以使你在工作中更加自信；你的家庭生活可以帮助你放松，并为第二天的工作做好准备。

Hill 等（2005）与 Wayne 等（2004）的研究结论都体现了工作-家庭促进（work-family enrichment）的内涵，即从一个领域获得的福利可以提高其他领域的整体系统功能。Hill 等（2005）既测量了工作向家庭的促进也测量了家庭向工作的促进。其中在工作向家庭的促进方面，我们用了两个题项来测量，分别是：因为工作，我有更多的精力来处理家庭中的事务；因为工作，我在家中有更好的心情。同时，本书用一个题项来测量家庭向工作的促进，即因为家庭生活，我有更多的精力来完成工作。

Greenhaus 和 Powell 在 2006 年的研究中对工作向家庭增益的方式做了进一步的细化。他们采用了 8 个题项来描述工作与家庭之间的增益关系。这 8 个题项包括：工作能够使我理解不同的观点，让我在家庭中有更好的表现；工作使我有一个愉快的心情，让我在家庭生活中有更好的表现；在工作中获得的知识，能够让我在家庭生活中有更好的表现；在工作中获得的技能帮助我在家庭生活中有更好的表现；工作能够让我感到非常开心，这使得我在家庭生活中有更好的表现；工作让我感到非常愉悦，这使得我在家庭生活中表现得更好；工作让我感到非常满足，这使得我在家庭生活中表现得更好；工作让我很有成就感，这使得我在家庭生活中表现得更好；工作让我感受到成功的感觉，这使得我在家庭生活中表现得更好。

另一份被学者广泛使用的量表是 Carlson、Kacmar、Wayne 和 Grzywacz（2006）开发的 18 题项量表，他们将工作对家庭的促进分为三个维度，分别是：发展维度（development）、情感维度（affect）、资本维度（capital）。其中发展维度的一个例子是"工作可以使我理解不同的观点，能够帮助我成为一个更好的家庭成员"；情感维度的一个例子是"工作可以使我有好的心情，帮助我成为一名更好的家庭成员"；资本维度的一个例子是"工作使我有安全感，能够使我成为一名更好的家庭成员"。家庭对工作的促进也分为三个维度：发展维度（development）、情感维度（affect）和效能维度（efficiency）。其中发展维度的一个例子是"家庭使我更好地理解不同的观点，能够让我成为一名更好的员工"；情感维度的一个例子是"家庭使我有一个好的心情，能够让我成为一名更好的员工"；效能维度的一个例子是"我的家庭要求我避免浪费时间，能够让我成为一名更好的员工"。

基于努力-恢复理论（effort-recovery theroy），Geurts 和他的同事们在 2005 年开发了一项新的量表，量表包含了工作-家庭关系的四个维度，即负向的工作向家庭的溢出、负向的家庭向工作的溢出、正向的工作向家庭的溢出以及正向的家庭向工作的溢出。其中，正向的工作向家庭的溢出包含 6 个题项，分别是：当你结束了一天愉快的工作后，身心愉悦的状态是否能够积极地影响你的家庭氛围？当一天或者一周愉快的工作结束后，你是否更有心情与家人朋友进行积极的互动？你在工作上学到的东西可以更好地帮助你履行家庭责任吗？你可以更好地遵守与家人的承诺，因为你的工作就要求你这样做？你可以在家庭生活中有效地管理时间，因为你在工作中就如此吗？你在工作上学到的东西可以帮助你更好地与家人互动吗？Grurts 等同样用 6 个题项来测量正向的家庭向工作的溢出，这 6 个题项分别为：当与家人和朋友相处后，你会更有好心情参与到工作中，并能够积极地影响工作氛围？当与配偶/朋友/家人度过一个愉快的周末之后，你可以在工作中找到更多的乐趣吗？你更加谨慎地完成工作任务，因为你在家庭中被要求这样做？你可以在工作中更好地履行承诺，因为你在家庭中就如此？你在工作中可以有效地管理时间，因为你在家庭中也这样？因为你在家庭中可以有条不紊地处理家庭事务，所以你在工作中也非常有自信？

Kirchmeyer 根据 Sieber（1974）的研究开发了量表，主要测量了 Sieber 提出的四种角色积累的结果（角色特权、整体安全状态、个体状态的改进及个性的改善）。Grzywacz 和他的同事们开发了 6 题项量表来测量工作-家庭增益（work-family enrichment），其中 3 个题项测量的是工作向家庭的增益，另外 3 个题项测量的是家庭向工作的增益。

除此之外，Hammer 及他的同事们在其两项研究（Hammer et al.，2002；

Hanson et al., 2006）中也对工作-家庭正向溢出进行了测量。在他们的一项研究中，Hanson 等（2003）报告了区分两个方向的工作-家庭促进的因子分析，即一个角色中获得的工具型的资源（如技能、能力、价值）可以应用到另一个角色中；同时，一个角色中感知到的情感（如情绪、心情）也可以从一个角色过渡到另一个角色。具体来说，Hanson 等（2006）在前人的理论基础之上，开发了工作-家庭正向溢出的多维度量表。其开发的量表包含工作向家庭的正向溢出和家庭向工作的正向溢出两个方向，并采用两个研究，利用角色满意度和自评的心理健康水平两个变量与工作-家庭正向溢出的关系验证了量表的效度。量表包含三个维度，分别是基于行为的工具型正向溢出、基于价值的工具型正向溢出以及情感型正向溢出。Hanson 等（2006）认为工作-家庭正向溢出可以进一步被分为六个维度，分别是工作向家庭的情感型正向溢出，工作向家庭的基于行为的工具型正向溢出，工作向家庭的基于价值的工具型正向溢出，家庭向工作的情感型正向溢出，家庭向工作的基于行为的工具型正向溢出，以及家庭向工作的基于价值的工具型正向溢出。这些维度都有较高的内部一致性，并且基于行为的工具型正向溢出和基于价值的工具型正向溢出与角色满意度和心理健康水平都有显著的相关性，也进一步验证了这些维度在研究中的结构效度。

而在 Stephens 等（1997）的研究中，研究者将工作-家庭正向溢出定义为在过去的一个月中，个体因着参与一个角色（照料者角色/工作角色）而在另一个角色（工作角色/照料者角色）中感到更加的自信并且具有更好的心情。Stephens 等（1997）也测量了两个方向的工作-家庭正向溢出，且每个方向的正向溢出由 3 个题项构成。由照料者角色向工作角色正向溢出的 3 个题项分别为"如果知道你的父母能够被很好地照料，那么你会有更好的心情投入到工作中""因为你有自信能够胜任照料者的工作，所以你也有自信能够成为一个好的员工""因为当你是一个照料者时你感觉很开心，所以当你在工作中时感觉也很好"。工作角色向照料者角色的正向溢出的 3 个题项分别为"如果在工作中度过了开心的一天，那么回到家中你有更好的心情来帮助父母完成事务""因为你能够胜任工作，所以你也有自信成为一个好的照料者""因为你在工作中感觉很开心，所以你成为照料者时感觉也很好"。

Ruderman 等（2002）的研究测量了个人角色向职业角色的增强，将一个开放性的问题——你是否在个人生活中的某一些方面促进了你的职业发展——编码成了 6 个主题：人际关系技能、心理收益、情感支持和建议、能够掌控多项任务、个人兴趣和背景及领导力。其中人际关系技能描述的是个体从与他人的人际关系互动中可以获得如何能够胜任管理者职位的人际关系技能，例如，抚养孩子或者参与到其他的人际关系中有助于个体理解个体差异，获得如何能够理解、激发以及指导员工的技能；心理收益指的是在个人生活中如果个体能够克服困难，承受风险，并取得个人生活的成功，有助于激发个体在工作中的自信、热情和自尊，也就是说，个人生活经验可以帮助个体在工作中表现得更好。情感支持和建议指的是个体的朋友及家人根据自身经验提供的建议可以帮助个体更好地应对压力性的工作环境。能够掌控多项任务指的是同时处理多项个人事务，设定家庭目标，为家庭做计划都有助于个体在工作中更好地完成任务，并学习安排事务的计划和优先顺序。个人兴趣和背景则指的是个人的兴趣、跨文化价值观、个人特征及背景（个人的经验、国籍、性别及另一个角色中完成过的任务）都能够为个体提供技能及有价值的经验以帮助他们更好地完成工作。领导力指的是个体在参与志愿者服务、社区活动及组织家庭活动时，个体的经验（预算、开支、组织、计划等）能够为个体提供领导者的相关技能经验，并帮助其更好地胜任领导职务。

工作-家庭正向溢出的测量量表总结如下，见表2.2。

表2.2 工作-家庭正向溢出的测量量表汇总

工作-家庭正向溢出概念	研究	测量方向	题项举例
工作-家庭增益（work-family enrichment）	Cohen & Kirchmeyer (1995)	非家庭领域向家庭领域的增益	没有给出题项实例
	Kirchmeyer (1992)	子女养育对工作的增益；社区对工作的正向溢出；娱乐对工作的增益	作为一个家长（因参与到社会生活或兴趣团体中）： 你发现在其他地方很难获得奖励（角色特权）； 在工作中感到失望（整体状态安全）； 给我一些信息可以使我用于工作中（增强自我状态）； 让我更能理解我的同事（个人成长）
	Greenhaus & Powell (2006)	工作向家庭的增益	工作向家庭的增益：工作能够使我理解不同的观点，让我在家庭中有更好的表现

表2.2(续)

工作-家庭正向溢出概念	研究	测量方向	题项举例
工作-家庭正向溢出（work-family positive spillover）	Grzywacz (2000)	工作向家庭的正向溢出及家庭向工作的正向溢出	工作向家庭的正向溢出：你在工作上做的事情能够经常帮助你解决个人及家庭问题吗？ 家庭向工作的正向溢出：与家人的交谈可以经常帮助你处理工作中的问题吗
	Grzywacz 等 (2002)	工作向家庭的正向溢出及家庭向工作的正向溢出	工作向家庭的正向溢出：在过去的一年中，你在工作上做的事情能够经常帮助你解决个人及家庭问题吗？ 家庭向工作的正向溢出：在过去的一年中，与家人的交谈可以经常帮助你处理工作中的问题吗
	Grzywacz & Marks (2000)	工作向家庭的正向溢出及家庭向工作的正向溢出	工作向家庭的正向溢出：在工作中所做的事情有助于你处理家庭中的个人问题及其他实践问题。 家庭向工作的溢出：在家庭中受到的关爱和尊重让你在工作中更有自信
	Grzywacz & Marks (2000)	工作向家庭的正向溢出及家庭向工作的正向溢出	工作向家庭的正向溢出：在工作中所做的事情使你成为一个更加风趣的人。 家庭向工作的正向溢出：与家庭成员的交谈有助于你解决工作上的问题
	Hammer 等 (2002)	工作向家庭的正向溢出及家庭向工作的正向溢出	工作向家庭的正向溢出：在工作中成功的一天可以使我在家庭中也有好心情，并能够更好地履行家庭责任。 家庭向工作的正向溢出没有给出题项的实例
	Hanson 等 (2006)	工作向家庭的正向溢出及家庭向工作的正向溢出	工作向家庭的正向溢出：在工作中获得的能力有助于我解决家庭问题。 家庭向工作的正向溢出：在家庭中的有些行为可以帮助我更好地解决工作上的问题
	Kirchmeyer (1992)	子女养育对工作的正向溢出；社区对工作的正向溢出；娱乐对工作的正向溢出	作为一个家长（因参与到社会生活或兴趣团体中）： 我发现在其他地方很难获得奖励（角色特权）； 在工作中感到失望（整体状态安全）； 给我一些信息可以使我用于工作中（增强自我状态）； 让我更能理解我的同事（个人成长）

表2.2(续)

工作-家庭正向溢出概念	研究	测量方向	题项举例
工作-家庭正向溢出（work-family positive spillover）	Sumer & Knight (2001)	工作向家庭的正向溢出及家庭向工作的正向溢出	作为一个家长（因参与到社会生活或兴趣团体中）： 我发现在其他地方很难获得奖励（角色特权）； 在工作中感到失望（整体状态安全）； 给我一些信息可以使我用于工作中（增强自我状态）； 让我更能理解我的同事（个人成长）
	Kirchmeyer (1995)	养育子女对工作的正向溢出； 社区对工作的正向溢出； 娱乐对工作的正向溢出	角色积累的结果： 给予我支持使我能够完成工作任务； 给我展示看待问题的方法可以帮助我完成工作
	Stephens 等 (1997)	工作角色向照料者角色的正向溢出及照料者角色向工作角色的正向溢出	工作角色向照料者角色的正向溢出：在工作中成功的一天可以使你有个好心情，并能够在家庭中更好地扮演父母的角色。 照料者角色向工作角色的正向溢出：在工作中你有较强的自信能够胜任工作，因为你在家庭中也完全能够胜任照料者的角色
	Geurts 等 (2005)	工作向家庭的负向溢出及家庭向工作的负向溢出；工作向家庭的正向溢出及家庭向工作的正向溢出	工作向家庭的正向溢出：当你结束了一天愉快的工作后，身心愉悦的状态是否能够积极地影响你的家庭氛围？ 家庭向工作的正向溢出： 当与家人和朋友相处后，你会更有好心情参与到工作中，并能够积极地影响工作氛围吗
工作-家庭促进（work-family facilitation）	Grzywacz & Bass (2003)	工作向家庭的促进及家庭向工作的促进	工作向家庭的促进：在工作中所做的事情使你成为一个更加风趣的人。 家庭向工作的促进：与家庭成员的交谈有助于你解决工作上的问题
	Hill (2005)	工作向家庭的促进及家庭向工作的促进	工作向家庭的促进：在过去的三个月中，你经常会因为工作而有更多的精力来处理家庭及个人生活中的事务吗？ 家庭向工作的促进：在过去的三个月中，你经常会因为家庭及个人生活而有更多的精力来处理工作中的事务吗

表2.2(续)

工作-家庭正向溢出概念	研究	测量方向	题项举例
工作-家庭促进（work-family facilitation）	Carlson，Kacmar，Wayne & Grzywacz（2006）	工作向家庭的促进及家庭向工作的促进	工作向家庭的促进:工作可以使我理解不同的观点，能够帮助我成为一个更好的家庭成员。家庭向工作的促进:家庭使我更好地理解不同的观点，能够让我成为一名更好的员工
	Wayne 等（2004）	工作向家庭的促进及家庭向工作的促进	工作向家庭的促进:在工作中所做的事情有助于你处理家庭中的个人问题及其他实践问题。家庭向工作的溢出:在家庭中受到的关爱和尊重让你在工作中更有自信
工作-家庭增强（work-family enhancement）	Ruderman 等（2002）	个人生活向职业生涯的正向溢出	母亲与孩子的互动以及其他人际关系可以帮助管理者提高人际关系技巧。同时，抚养孩子或参与其他关系可以帮助个体更多地尊重个体差异，更好地理解、激励、发展指导员工
	Tiedje 等（1990）	工作向家庭的正向溢出	工作向家庭的正向溢出:拥有一份工作使我更加珍惜与我的孩子在一起的时间

2.4 工作-家庭边界及工作-家庭正向溢出的交叉影响和直接影响

2.4.1 工作-家庭边界

边界指的是将两个不同的实体相互区分开来的物理的、心理的、认知上的限制（Ashforth，2000）。在工作-家庭关系领域的研究中，很多研究者用边界理论来解释个体参与工作和家庭不同角色之间的关系。研究者们认为工作领域和家庭领域之间存在着一条清晰的界限，此界限将工作和家庭分成两个相互独立的领域（Hall & Richter，1988；Leiter & Durup，1996）。个体在日常的生活中时刻进行着工作角色和家庭角色的转换，同时每个角色也被赋予了不同的角色期望和责任，个体通过既定的规则维持着工作和家庭生活的边界，以及与每个角色所涉及的相关个体的人际关系。那些频繁在工作和家庭领域之间穿梭、进行相应角色转变的个体称为边界跨越者（border-crosser）。边界跨越者每天穿梭于工作和家庭领域之间，遵守着工作和家庭领域所划定的对相应角色范围的界限，即边界跨越者会受到相应领域"角色边界"（role boundary）的限制。因为个体围绕工作和家庭领域所建立的边界往往是围绕所在领域内的角色建立的，而角色往往与贴有相应"标签"的个体相联系，如下属、父母、子女等角色，并且每个角色都包含着一定的行为规范和行为期望，同时受到时间和空间特征的限制。例如，在职场中，履行好员工、下属或领导的角色责任是合适的，而这时履行父母、子女的角色责任则可能不太适合。边界跨越者在工作和家庭领域之间穿梭，在心理和行为上围绕着两个角色发生相应的改变，这个过程称为"角色转换"（role transition）。当个体在心理或行为上退出一个领域的角色而投入到另外一个角色时，角色转换就发生了。在工作和家庭关系中，角色转换主要包含三类：①工作和家庭转换，此种转换几乎每天都会发生，具有循环的特征，此种转换属于微观的角色转换；②工作领域内的转换，如因着晋升、退休等带来的下属、同事、上级等角色间的转换，此种转换相对来说发生的频率比较低且时间较为持久，此种转换属于宏观的转换；③工作和第三地方的转换（work-third place），此种转换发生的频率介于微观转换和宏观转换之间，即工作领域与工作和家庭之外的第三方地点间的角色转换，如工作领域和健康俱乐部等社交领域间的角色转换（Ashford & Taylor，1990）。

边界的渗透性（boundary permeability）。边界的渗透性指的是个体允许一个领域的角色成分进入另外一个领域的程度（Hall & Richter，1988；Ashforth，Kreiner & Fugate，2000；Clark，2000）。渗透包含着两个方面。一方面是行为上的渗透。例如，下班之后，同事因工作问题而到家拜访；一个人可能在家里有一个专门用来办公的区域，并且这个办公区域有实体的门和墙，以此来将此区域与其他的家庭环境隔离开来，但是这个办公区域的边界可能非常的具有渗透性，因为当个体在此区域工作的时候，家庭成员非常容易进入到此区域与其就家庭方面的事情进行商讨。物理的和心理的渗透性经常被视为角色行为的干扰。一些学者认为行为上的渗透会给个体一个良好的提醒：他还是工作领域或家庭领域的重要成员。另一方面，渗透同样可以包含心理上的渗透。例如，员工在工作的时候，心里却担心着家里生病的孩子。后来有学者指出边界的渗透性可以基于不同角色间的转换来界定，因为渗透性指的是工作和家庭领域的不同角色彼此之间实际或心理上的接触。如果某一个领域的边界渗透性比较强，那么个体很容易进行角色上的转变；如果边界渗透性比较弱，那么个体很难有机会和时间去履行其他角色的义务（Clark，2000；韦慧民，刘洪，2011）。

边界弹性（boundary flexibility）。边界弹性指个体能够在认知或行为上离开一个角色以满足另外一个角色需求的程度（Ashorth，Kreiner & Fugate，

2000；Clark，2000；Matthews & Barness-Farrell，2010）。最初，边界弹性被定义为个体关于他/她能够改变领域活动发生的时间和地点的信念（Ashorth，Kreiner & Fugate，2000；Clark，2000）。Matthews 和 Barnes-Farrell（2010）根据前人对边界弹性的定义，提出边界弹性能力（boundary flexibility - ability）的概念，即边界弹性能力被定义为：当某一个角色"遭遇"角色需求时，个体在行为及认知上能够"放置"当前角色的需求，而去满足这个目标角色的需求的能力和程度。由此我们可以看出，弹性能力显示了个体愿意离开当前角色，而去满足目标角色的能力和可行性的认知性评估（Edwards & Rothbard，1999）。因此弹性能力也指个体对他们在多大的程度上能够在工作和家庭领域进行角色转变的知觉。边界弹性能力不是个体对其个人能力的评估，而是对改变领域相关行为的时间和地点的能力是否超出了他们直接控制的评估。当改变领域内相关行为的时间和地点的能力被知觉或受到了第三方或其他因素的影响的时候，弹性能力将成为个体对"转变"在多大的程度上是被允许的评估（Kossek et al.，2006）。因此，在领域之间的转变的能力将会受到多种因素的限制，这些因素包括员工弹性工作活动能力、家庭和个人责任、组织政策和准则的制约，还会受到管理者是否愿意去支持领域转变的制约等（Matthews & Barness-Farrel，2010）。

Matthews 和 Barness-Farrel（2010）指出如果仅仅根据能力来定义边界弹性就意味着分割或整合工作和家庭领域的倾向与个人的偏好和动机没有多大的关系。他们指出为了更好地理解边界弹性的内涵，必须将个体改变领域活动的时间和地点的意愿包括在内，也就是说，边界弹性不仅应该包含着人们改变领域活动的时间和地点的能力，而且还应该包含着做出这些改变的意愿。Nippert-Eng（1996）曾指出，虽然个体可能感知到一些不可能改变的外在因素（直接导致低弹性能力），但当有可能使得工作和家庭之间保持他们所期望的状态时，个体可能会使用一切可能利用的条件去达成目标。Kreiner（2006）发现不同的个体在整合工作和家庭上面有着不同的偏好。例如，个体可能感知到转变角色的能力受到了限制，但是他可能有着很高的意愿去完成目标。因此，Matthews 和 Barness-Farrel（2010）提出了边界弹性意愿（boundary flexibility-willngess）的概念：即个体从一个角色转换到另外一个角色的意愿程度。从边界弹性的定义，我们不难看出边界弹性意愿实际上是个体实际的领域分割意愿。例如，远程办公可能会促使员工有高工作弹性能力，但对那些有着低弹性意愿的员工而言，远程办公可能并不是一个好的选择。

分割-联合的连续体（segmentation-integration continuum）。工作和家庭领

域边界的渗透性和弹性不同，导致了工作和家庭领域之间的分割和整合程度的不同。当某一领域边界的弹性和渗透性均不强且工作领域和家庭领域之间的流动逐渐减少时，工作领域和家庭领域是趋向于分离的，工作和家庭之间的分割所导致的直接结果是工作角色和家庭角色之间的模糊性的降低；当某一领域边界的弹性和渗透性均比较大时，此时工作领域和家庭领域是趋向于整合的。Ashforth 等（2000）和 Clark（2000）指出工作领域和家庭领域之间的关系是连续谱，完全分割的状态和完全整合的状态是连续谱的两个极端，即一端是工作和家庭处于完全分离的状态，另一端却是完全整合的状态。而在我们的现实生活中，完全将工作和家庭进行分割和完全进行整合的例子很少。

分割偏好（segmentation preference）。由于不同的个体对工作和家庭持有不同的价值观，个体在工作和家庭领域之间的"分割-整合"上存在着一定的偏好（Edwards & Rothbard，1999）。倾向于将工作和家庭分割开来的个体喜欢尽可能地保持工作和家庭之间的分离状态，建立和维持一个边界，这类个体喜欢在工作时只做工作上的事情，在家里的时候也只处理家庭事务。例如，在工作时，个体倾向于只关注工作领域的任务及问题，而不考虑家庭事务或不参与和家庭有关的一切事务。而当个体在家庭中时，也倾向于只关注家庭的事务，而不会在家中接听工作电话或处理工作邮件等。相反，倾向于将工作和家庭视为整体的个体则会将工作领域和家庭领域的边界模糊化，会同时在家中处理工作事务或者在工作场所处理家庭事务。例如，他们可能在工作场所接听家人或朋友的电话，在工作时间寻找有关孩子申请学校的信息，同时在工作时间会与同事谈论家庭事务等。同样在家庭生活中，他们也会频繁地查看工作邮件，处理工作事务，接听与工作有关的电话等。Ashforth 等（2000）指出对那些偏向整合的个体而言，领域之间的边界要么不存在，要么特别具有渗透性。分割偏好与上述的边界弹性意愿的概念具有相似之处，均代表着个体对工作和家庭的动机和态度。

2.4.2 工作-家庭正向溢出的交叉影响和直接影响

根据对工作-家庭边界的讨论，学者们认为，工作和家庭之间的影响不仅存在领域内的直接影响，还存在跨越边界的领域间的交叉影响。因此，在考察工作领域的变量与家庭领域的变量之间的影响时，学者们将两个领域内前因及结果变量之间的关系归纳为两个影响效应：一是直接影响效应，工作及家庭领域的变量对各自领域内的结果变量产生影响（Frone，2003）。例如，工作领域的压力和资源直接影响着员工的满意度（Ilies et al.，2009）；或者来自家庭领域的压力和资源直接影响着员工的家庭满意度。二是交叉影响效应，即来自工作领域的前因变量可能影响家庭领域的结果变量，抑或来自家庭领域的前因变量会对工作领域的结果变量产生影响（张勉，李海，魏钧，杨百寅，2011）。Greenhaus 和 Powell（2006）的理论模型为工作家庭关系的交叉模型提供了理论基础，Greenhaus 和 Powell 认为工作领域获得的资源（如工作支持、经验、技能）可以通过情感路径（affective path）改善个体在家庭领域的态度和行为，在工作领域因资源增加产生的正向情感可以溢出到家庭领域，从而提高家庭角色的满意度和绩效；反之，家庭领域获得的资源（如家庭支持、经验、技能）也同样能够通过情感路径提高工作角色的绩效（Carlson et al., 2011a）。

2.5 工作-家庭正向溢出理论模型文献综述

2.5.1 角色积累理论

Sieber（1974）提出的角色积累理论首次对参与多种角色能够获得的积极结果进行了讨论，但是 Sieber 并没有提出一个完整的理论模型，而是归纳了四种因角色积累产生的积极结果，分别是①角色特权；②整体安全状态；③能够帮助个体改进自身状态及提高绩效的资源；④促进个体的个性发展及提升自我满足感。其具体内容可概括如下。

角色特权。Sieber（1974）认为个体所参与的每个角色都被赋予了一定的权利和责任，一些权利可以被称为固有权利，属于角色所特有的一种自然属性。另外一种权利被称为自发权利，即在日常的生活中，与他人的相互作用才能产生的属性。权利与责任的关系通常被假定为权利和责任应当是相匹配的，当然也不排除一些特殊的情况，例如权利超过了责任（如剥削关系）（Gouldner，1960）等。因此，Sieber 认为，个体参与的角色越多，能够从角色中获得的特权也越多。首先，为说明两者之间的关系，Sieber 将权利特权划分为两个种类，一种权利特权类型是自由，即这种特权不限制某种行为的改变；另一种是合法需求（legitimate demand），即限定了某些行为的发生和改变。Sieber 提出了权利与责任之间的四种作用机制，第一种作用机制认为，只要自由可以给个体提供满足感，达到了个体的预期并保护个体免受剥削，那么个体就不会从多种角色中感知到压力及紧张。第二种作用机制认为，权利在积累的过程当中可能会超过所赋予责任的范围，因此个体能够在参与一些角色的过程当中得到满足感。在现代社会中，似乎有一种趋势，即个体所拥有的自发权利正逐渐转变为固有权利，因此，在某种情况下，特权的存在似乎超出了责任的范围。第三种作用机制是个体可能在偶然的场合获得一定的非正式特权，之后转化为正式的特权，但是责任却没有随着权利的增加而增加。而在这种情况下，没有得到正式授权形式的持续增加的特权或行动自由被称为是"角色膨胀"。而当这种特权得到正式的确认之后，这种新的权利可能没有相应的责任义务来匹配。第四种作用机制为权利可能比责任以更快的速度增长，且直接影响着个体多种角色的管理。总而言之，这四种作用机制都可能使得个体获得超出责任范围的特权，也就是说，如果角色被赋予的自由越普遍，个体继承更多的自发权利，那么个体所获得的特权的合法性就越不明晰。

整体安全状态的角色缓冲作用。个体参与多种角色可以缓解角色压力的第二种作用机制是通过个体在遭遇困境时为个体提供多种帮助来实现的。如果个体有多个与角色相关的"帮助者"，这些人可能隶属于不同的群体或社会阶层，可以利用关系网络帮助个体走出困境。这种角色积累的缓冲作用对于深陷困境的个体来说非常重要。例如，对于事业上升期的男性员工来说，参与多种角色所带来的角色积累对事业的发展有着至关重要的作用。

Sieber 指出，维持多种角色缓冲作用的成本要比角色冲突或角色超负荷的成本低得多。一旦角色的缓冲作用发生，个体可以维持一定的关系网络而不会带来责任的增加。事实上，与个体相关的角色关系人与个体本身之间会产生偶然的互动关系。例如，许久不见的朋友之间会以一个礼物来问候，亲属之间会偶然拜访，这些都可以维持个体与其他人的角色关系并适时起到缓冲作用。

总之，个体参与多种角色并投入一定的资本维持社会角色能够保证个体整体地位的安全。进一步说，多种角色的积累可以防止角色之间的冲突，因为个体与他人之间的关系不仅仅只是义务关系，更重要的是能够在个体需要的时候提供帮助，因此多种角色的积累可以让个体在心理及社会角色方面获益良多，并可以帮助个体减轻因角色冲突及超负荷而产生的压力。

能够帮助个体改进自身状态及提高绩效的资源。除了个体的整体安全状态，与个体相关的其他关系人还能够为个体提供一些其他的福利，例如，角色关系人可以介绍或推荐个体进入第三方以帮助个体发展事业（提供联系方式、邀请进入某一个社会团体、良好的信用评价、免费的食宿以及公司内部资产的使用等）。这些福利也可以帮助个体提高角色绩效，或者可以在其他角色中进行再投资以增加个体的角色积累。例如，根据个体的职业历史记录，好的信用评价可以使个体在其他的社会网络或者企业中获得更多的资源。而参与多种角色获得的资源积累的一个良性后果就是，对于角色关系人来说个体变得更为重要。这不仅体现在个体可以确保资源的安全并可能在角色关系人中分配已有的资源，更重要的是，可以帮助社会网络中的其他个体寻找更有价值的其他资源。这一事实有两点重要的应用：首先，当个体由于冲突或者是角色超负荷而没有达到预期的目标时，那么相关角色关系人对个体不能施以制裁权；其次，比起个体自身来说，相关角色关系人更需要个体自身的帮助，这也使得角色关系人不能够对个体进行制裁。总的来说，参与多角色而产生的角色积累可以帮助个体获取更多的资源，减少角色冲突及超负荷的可能性，减轻个体的压力。

促进个体的个性发展及提升自我满足感。除了角色特权、角色缓冲及获得资源，角色积累可以丰富个体的个性，并且提升个体的自我概念。例如，对不同意见的包容、丰富的信息资源、调整自身需求的弹性都可以使个体与他人建立良好的关系。事实上，角色积累对于个体的精神、健康状况至关重要。在Cummings和Elsalmi（1970）的研究中，研究者以管理者为样本说明了参与多种角色对个体健康的重要性，他们认为参与多种角色的管理者比参与较少角色的管理者感知到更少的压力。并且，角色丰富化与压力之间的关系在高水平的自我授权、具有丰富的信息资源及工作自主性的群体当中更为显著。

总而言之，Sieber（1974）的角色积累理论是最早提出不同角色之间可以相互影响、积累资源的理论。该理论探讨了角色积累是如何降低个人感知的压力以避免冲突的。具体来说，该理论讨论了参与多种角色的积极影响，认为角色积累可以帮助个体获得特权，提升个体的整体安全感，帮助个体获得自身发展所需要的各种资源，丰富个体的经历并提升个体的精神健康水平。但是，Sieber（1974）的研究仅限于对角色积累结果的讨论，并没有提出一个因个体参与多种角色而获得益处的完整的理论或模型。

2.5.2　工作和家庭之间的作用机制理论模型

Edwards和Rothbaed（2000）的研究并没有提出完整的理论模型，而是探讨了工作领域和家庭领域的相互作用机制。在其研究中，作者首先对以往研究进行了系统的回顾，总结了六种工作和家庭之间相互作用的机制，即溢出效应（spillover）、补偿效应（compensation）、分割效应（segmentation）、资源占用（resource drain）、一致性（congruence）和工作家庭冲突（work family conflict）。下面我们对每一种机制分别进行概述。

溢出效应。溢出效应指的是工作和家庭领域的相互影响使得工作和家庭两个领域有相似之处（Burke & Greenglass，1987）。这种相似之处描述了个体在工作和家庭领域中的情感状态（如心情和满意度）、价值观（工作领域或家庭领域所追寻的目标及其重要性）、技能和行为等（Staines，1980；Zedeck，1992）。

以往的工作和家庭冲突的文献描述了两种溢出方式。第一种溢出表现为工作领域的一个构念和家庭领域的一个与之区分但是相联系的构念之间的相似点（Judge & Watanabe，1994；Zedeck，1992）。例如，工作满意度与家庭满意度之间的正向关联性（Gutek，Repetti & Silver，1988），以及工作价值观和家庭价值观之间的正向关联性（Piotrkowski，1979）。第二种溢出描述的是工作领域和家庭领域之间个体"经验"的相互转移（Near et al.，1980；Repetti，1987）。例如，个体在工作中感觉到疲惫并可能在家庭中表现出来，这种溢出并没有表现出工作和家庭之间相互影响的机制，因为这种情况并不能代表工作领域中的构念和家庭领域中的构念发生了关系，也就是说，在工作领域中所感受到的疲惫等经历只是展现在了家庭领域而已，但并不表示工作领域感知的疲惫对家庭领域的构念产生了影响。但是，当工作领域感知的疲惫影响到了个体家庭角色义务的履行时，工作领域和家庭领域之间的相互作用机制便产生了。

补偿效应（compensation）。补偿效应指的是个体试图将一个领域中所降低的满意度在另一个领域寻找更多的满意度以得到补偿（Zedeck，1992）。在以往的工作家庭关系的文献当中，研究者描述了两种补偿效应的方式。一种是个体倾向于在感到不满意的领域降低投入，并且在一个更为满意的领域增加投入（Evans & Bartolome，1984；Zedeck，1992）。其中投入指的是个体对于一个领域重要性的感知，在一个领域中所花费的时间和关注度。因此，这种方式也可以被理解为个体在比较满意的领域和不满意的领域之间将重要性、时间、关注度进行重新分配的过程。个体也可能通过在另一个领域追求奖励或报酬以对不满意的领域做出反应（Zedeck，1992）。这种奖励或报酬指的是个体所追求的任何其想要得到的东西，通过这样的行为可以提高其满意度。这种补偿方式区别于"补充"及"反应"型补偿。补充型补偿指的是这种报酬或奖励在一个领域中比较匮乏，但在另一个领域可以寻找到并且得到补充（Evans & Bartolome，1984；Zedeck，1992）。例如，如果个体在工作领域有较少的自主性，那么其倾向于在工作以外的领域寻找更多的自主性（Evans & Bartolome，1984）。反应型补偿指的是当个体在一个领域中经历不良的经验时，会试图在另一个领域中寻找更好的经验来得以补偿（Zedeck，1992）。例如，在结束一天疲惫的工作之后，个体倾向于在家中得到完全的放松和休息，或者个体倾向于把自己完全投入工作中来逃避家庭问题（Evans &Bartolome，1986）。虽然两种类型的补偿方式都描述了个体希望从另一个领域中获取"报酬"或"奖励"

的倾向，但是补充型补偿是基于个体不充分的正面积极的经验而形成的，而反应型补偿是基于个体逃避消极经验而形成的。

分离型效应（segmentation）。分离型效应指的是工作领域和家庭领域是完全分离的，两个领域之间不存在相互影响的关系（Burke & Greenglass, 1987）。分离效应最早源于工作领域和家庭领域自然的划分，即两个领域在时间和空间上的分离，以及两个领域不同的功能。然而这种分离的观点受到了研究者很大的质疑，他们通常认为，工作领域和家庭领域是人类生活不可分割的两个主体（Burke & Greenglass, 1987）。因此，分离效应现在普遍被认为是个体对于工作领域和家庭领域之间边界的划分。

资源消耗（resource drain）。资源消耗观点认为，个体的资源（如时间、注意力、精力）是有限的，这些有限的资源可以在家庭和工作之间相互转移（Tenbrunsel, Brett, Maoz, Stroh & Reilly, 1995）。资源消耗观点在某种程度上类似于补偿效应陈述的个体的时间和关注点可以在工作和家庭领域之间相互转移（Small & Riley, 1990）。然而两种观点的区别是：补偿观点是对不满意的领域做出反应（Burke & Greenglass, 1987；Zedeck, 1992），而资源占用指的是资源在不同领域间的相互转移，而并不强调在一个领域中的满意程度。不同于资源消耗观点，补偿观点强调在各领域之间相互转移的不仅仅是个人资源，还包括对另一个领域的报酬及奖励的追求。

一致性（congruence）。一致性指的是，第三方变量作为共同因素的影响使得工作领域和家庭领域有某些相似之处（Zedeck, 1992）。这些共同因素包括个性特质、先天因素、行为方式以及社会和文化因素（Frone et al., 1994）。例如，气质性情感（dispositional affect）既可以影响工作满意度也可以影响家庭满意度。一致性在某种程度上类似于溢出效应，它们的共同点在于都强调工作领域和家庭领域的相似性。然而，溢出效应强调的是这种共同之处使得一个领域会影响另一个领域，而一致性强调的是由于第三方变量引起的共同之处会影响两个领域。

工作-家庭冲突。工作-家庭冲突指的是一种角色间冲突，即工作角色和家庭角色互不兼容以至于个体在一个领域中的需求得到满足，但在另一个领域中的需求却难以得到满足（Greenhaus & Beutell, 1985）。Greenhaus 和 Beutell（1985）定义了三种工作-家庭冲突的形式。第一，基于时间的冲突指的是由于个体的时间有限，当个体在一个领域中花费太长时间以满足在这个领域当中的需求时，也占用了满足其他领域的需求所需要的时间（Staines, 1980）。根据 Greenhaus 和 Beutell 的研究，当个体在工作或家庭领域中缺席时，或者在工作或家庭领域出现心不在焉等状态时，那么另一个领域（家庭或工作）的需求也得不到满足。因此，基于时间的工作-家庭冲突也描述了工作领域和家庭领域的时间和精力的消耗及转移。总的来说，基于时间的工作-家庭冲突强调时间、注意力以及精力的转移使得个体在另一个领域的需求难以得到满足。第二，基于压力的工作-家庭冲突指的是个体在一个领域内感受到紧张和压力（不满意、紧张、焦虑和疲惫）致使个体在另一个领域中的需求难以得到满足。Greenhaus 和 Beutell（1985）的研究虽然没有说明为什么紧张和压力会导致需求难以得到满足，但是他们假设紧张和压力会减少个体完成绩效所需要的个人资源（精力、心理资本及生理资本）（Pleck, Staines & Lang, 1980）。基于压力的工作-家庭冲突本身并不意味着角色间冲突的需求，而意味着个体在参与一个领域的角色时可能会产生压力或紧张，而这种压力或紧张可能会损害个体在另一个领域中的角色绩效。第三，基于行为的工作-家庭冲突指的是个体在一个领域中所表现出的行为与在另一个领域中的角色要求不兼容，以至于个体不能调整行为以平衡工作领域和家庭领域的需求。例如，个体在工作中获得的能够有效解决问题的方法在家庭领域未必适用（Greenhaus & Beutell, 1985）。基于行为的工作-家庭冲突其实与溢出效应类似，描述了个体在一个领域中的行为可能会影响其在另一个领域的行为，但是有一个附加条件是，这种在领域间转移的行为降低了在一个领域中的角色绩效。

基于对以上六种作用机制的深入讨论，Edwards 和 Rothbard 提出了工作和家庭关系的因果关系模型，如图 2.1 所示，该模型在六种作用机制的基础上描述了工作和家庭之间相互影响的动态关系。具体来说，首先，工作场所情绪可能会影响家庭角色绩效进而影响家庭场所的情绪，而这种影响会作用于工作角色绩效，然后会影响工作场所情绪。其次，个体的总的心情状态会影响两个领域的绩效，这种影响显示了个体的心情状态可以影响每个领域的情绪，但是这种作用机制不是直接的，而是通过影响角色绩效以及奖励来实现的。与此同时，个体在每个领域所感知到的情绪也可以影响每个领域内的绩效。再次，个体的心情对于角色绩效的影响不仅有直接的影响，也有通过时间分配的间接影响。例如，一个人在工作领域经历了负面的情绪，那么他/她可能会在家庭角色中表现得不会特别令人满意，但与此同时，他/她也可能在工作领域和家庭领域之间重新分配所花费的时间，进而提高家庭领域的绩效。最后，Edwards 和 Rothbard 也强调了两个调节因素的作用，即时间分配决策和情绪表达的调节作用。

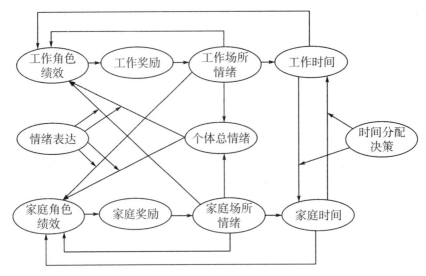

图 2.1　Edwards 和 Rothbaed（2000）工作和家庭之间的作用机制模型

虽然 Edwards 和 Rothbard（2000）的研究完整地整合了工作领域和家庭领域的相互作用机制，但是他们并没有区分工作领域和家庭领域之间的相互作用是正向的作用还是负向的作用，即两个领域间的影响既可以是正向的影响（工作-家庭促进），也可以是负向的影响（工作-家庭冲突）。

2.5.3　工作-家庭增益模型

Greenhaus 和 Powell 回顾了前人的研究，指出当个体参与多种角色时，通常有三种途径使个体更多获得积极的结果（Voydanoff，2001）。首先，工作经验或家庭经验会对个体的健康状况产生积极的影响。研究表明，角色积累对个体的生理健康以及心理健康有正向的影响（Barnett & Hyde，2001）。其次，同时参与工作角色和家庭角色可以缓解个体在一个角色中所感受到的压力。例如，对于有较多工作经验或者对工作较为满意的个体，他们所感受到的家庭压力与个体的健康之间的关系较弱（Barnett，Marshall & Sayer，1992；Voydanoff & Donnelly，1999）。最后，个体参与一个角色的经验可以在另一个角色中产生积极的经验和结果。Marks（1977）指出参与一些角色可以产生新的资源和能量，而这些资源或能量可以使个体在另一个角色中增加相应的经验。

在回顾以往研究的基础上，Greenhaus 和 Powell 提出了理论模型，如图 2.2 所示。此模型说明了在角色 A（工作或者家庭）中的资源及经验是如何提高角色 B（家庭或者工作）的生活质量的。其中生活质量主要考虑两个因素：高角色绩效和积极的情绪。他们认为个体在角色 A 中产生的资源可以显著提高其在角色 B 中的绩效并产生积极的情绪。图 2.2 定义了五种可以在一个角色中产生的资源：技能和感知、心理和生理资源、社会资本资源、工作或家庭弹性、婚姻资源。值得注意的是，模型中所包括的这些资源之间是相互联系的。例如，个体资源包括技能和信息，可以增强个体的自我效能（Gist & Mitchell，1992）并且可以帮助个体获取更多的社会资本（Friedman & Krackhardt，1997）。此外，心理资源可以帮助个体提高应对事物的能力（Kobasa，1982）和生理健康水平（Wiebe & McCallum，1986）。正是这种资源之间的相互影响，可以帮助个体在获取一种资源的同时获取另一种甚至更多的资源。

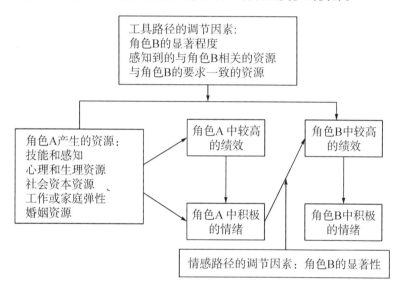

图 2.2　工作-家庭增益模型

Greenhaus 和 Powell 的模型定义了两种角色间互相促进的路径。一种是工具型路径，角色 A 中产生的资源可以直接转移到角色 B，从而增强角色 B 的绩效。我们之所以将其称为工具型路径是因为：一种资源的应用可以直接对另一种角色的绩效产生工具性影响。另一种是情感型路径，角色 A 中产生的资源可以促使个体在角色 A 中产生积极的情绪，而这种积极的情绪可以帮助提高其在角色 B 中的绩效以及积极情感。我们之所以将其称为情感型路径是因为：多种角色之间相互正向影响的过程是通过情感的积极影响产生的（Hanson et al.，2006）。

工具型路径。在此路径中，Greenhaus 和 Powell 介绍了个体感知的几种资源是如何直接从一个路径转移到另一个路径中，并怎样提高另一个角色的绩效的。以下分别论述每种资源在工具型路径中的作用。

①技能和观点。其中技能指的是与任务相关的感知、人际关系处理技能、应对事物的技能、多任务处理技能以及从角色经验中获得的知识和智慧等（Bauer, Morrison & Callister, 1998; Holman & Wall, 2002; McCauley, Ruderman, Ohlott & Morrow, 1994; Ruderman et al. 2002）。观点包括个体感知和控制环境的方式，如尊重个体的多样性（Ruderman et al., 2002）、不同文化背景的价值观多样性（Cox, 1993）、理解他人所遇到的问题（Crouter, 1984b）以及重视信任的价值（Crouter, 1984a）等。

已有研究表明，技能或认知观点，要么直接从一个角色转移到另一个角色，要么经过知识结构的中介作用而间接转移到另一个角色中（Edwards & Rothbard, 2000）。Ruderman 等（2002）以女性管理者为样本，讲述了女性管理者在个人生活中所获得的资源（如人际关系处理技能、多任务工作的能力以及尊重个体的多样性）是如何帮助她们增强管理效率的。此外，Couter 在其1984 年的研究中报告了个体从工作中获得的观点和技能可以帮助其有效地提高身为父母的家庭绩效。除此以外，一些实证研究的研究结果也有力地支持了 Greenhaus 和 Powell 的论证。例如，Perry-Jenkins 等（2000）的研究检验了工作复杂性与积极的父母角色绩效之间的正向关系，同时，他们的研究结果也显示了工作复杂性可以提高管理者领导技能，这种技能也能帮助个体增强父母与孩子之间的互动。此外，一些研究表明，在工作中可以自我引导的父母，在其与孩子的互动中也能很好地进行自我引导，这些研究结论都说明了个体在工作中获得的技能和感知可以转移到家庭领域并为个体所用。

②心理和生理资源。心理和生理资源包括积极的自我评价，如自我效能感（Bandura, 1997; Gist & Mitchell, 1992）和自尊感（Brockner, 1988）。这些资源还包括对未来积极的情绪，例如乐观和希望（Seligman, 1991, 2002）以及生理健康。这种资源可以从一个角色转移到另一个角色中。例如自尊、自我效能以及自信都能够帮助个体提高其在另一个领域的绩效，因为这种资源可以激发个体的动力，激励个体付出更多的努力，设定更高的目标（Judge & Bono, 2000）。例如，在 Ruderman 等（2000）的研究中，样本中23%的女性管理者认为，心理资源（如自我效能、自信等）对她们的个人生活会产生有益的影响，提高她们的管理效率。Grimm-Thomas 和 Perry-Jenkins（1994）的研究发现自尊中介了工作复杂性和父母角色绩效之间的关系，她们认为个体从一个角色中获得的自尊感可以帮助其有效地提高在另一角色中的绩效。一些研究认为，配偶支持与事业成功之间的关系可能受到由情感支持引起的自尊的中介作用的

影响（House，1981）。此外，在角色 A 中因乐观或希望产生的积极情绪能够促使个体在面对失败和挑战时产生更多的耐性和更好的适应能力，进而有效提高其在角色 B 中的绩效（Seligman，1991，2002）。一些研究表明，生理健康可以为个体提供能量、灵敏的思维以及精力，进而提高个体的绩效。相反，生理健康的缺失则可能导致员工缺勤，甚至降低角色的绩效（Cooper & Cartwright，1997）。

③社会资本。社会资本包括从工作和家庭角色的人际关系中获得的资源和信息，这些资源可以帮助个体达成目标。资本资源可以使个体通过获取更多有效信息来提高其在另一个角色中的绩效。例如，员工的配偶提供的信息可以帮助员工获得事业的成功（Friedman & Greenhaus，2000）。员工工作上的社会资本可以帮助他们提高家庭生活的质量；再如，员工可以通过其具有丰富人脉资源的同事来帮助员工子女获得更优质的教育机会。相反地，员工的家庭社会资本也可以帮助他们在工作中获得更好的晋升机会。社会网络与员工工作家庭生活的影响关系都表明员工在一个角色中获得的社会资本可以提高其在另一个角色中的绩效（Friedman & Greenhaus，2000；Frone et al.，1997；Voydanoff，2001）。

④工作或者家庭弹性。模型中的弹性指的是个体在参与一个角色时可以自由决定时间、空间和地点的程度。在以往的工作和家庭的文献中，这种资源被视为是能够提高工作生活质量的有效资源（Friedman & Greenhaus，2000；Thomas & Ganster，1995；Thompson，Beauvais & Lyness，1999）。工作弹性可以使员工更有效地利用时间来完成他们的家庭责任（Friedman & Greenhaus，2000），进而提高员工在家庭角色中的绩效。此外，弹性工作制家庭支持型组织文化和家庭导向的上级支持都可以帮助员工更有效地参与到家庭生活当中（Thomas &Ganster，1995；Thompson et al.，1999）。相反地，在家庭领域，员工经历更多的家庭弹性，如配偶花更多的时间来照顾小孩可以使员工更有效地完成工作（Friedman & Greenhaus 2000）。

⑤婚姻资源。婚姻资源指的是个体从婚姻或者家庭角色中获得的金钱、经历和天赋等。员工在一个角色当中获取的婚姻资源也可以帮助个体在另一个角色当中提高绩效。例如，员工在工作中获取的薪酬可以通过购买更多家庭所需要的用品及服务来帮助员工提高家庭生活质量。实证研究表明，薪酬与员工的婚姻稳定及质量呈正相关关系（Barnett & Hyde，2001；Voydanoff，2001），并且与家庭中孩子的健康呈正相关关系（Friedman&Greenhaus 2000）。相似地，员工从家庭角色中获取的财政资源（如礼物、无息贷款、遗产）可以帮助个体

进行事业上的投资，或者帮助个体获得更高水平的教育。

情感型路径。MacDermid、Seery 和 Weiss（2002）总结了前人工作家庭关系的理论观点，着重强调了情绪在家庭工作关系中的重要性。他们的研究结论强调了工作角色和家庭角色之间的相互影响的正向关系，以及情感型路径和工具型路径是如何促使工作和家庭之间相互影响的。此处提到的情感包括心情和情绪，其中，心情指的是不与特殊事件相关的一般的情感状态，而情绪指的是某种具体的与特殊的事件相关的愤怒、生气以及喜悦等（Brief & Weiss, 2002; Weiss & Cropanzano, 1996）。然而在 Greenhaus 和 Powell 的模型当中，他们并没有区分情绪和心情。在论述整个模型的过程当中，他们指出，积极的情感包括从角色经验中获取的积极的心情以及积极的情绪。

他们认为，当个体从角色 A 中获取到上述六种资源时，角色 A 中的积极情感会增加，进而促使他们在角色 B 中有更好的表现。因此对于情感型路径来说，两个因素可以促使工作和家庭之间的正向影响：一是在角色 A 中，资源对角色 A 的积极情绪的影响；二是在角色 A 中的积极情绪对角色 B 中绩效的影响。

角色 A 中产生的两种资源可以通过两种方式来影响角色 A 的积极情绪。首先，上述提到的一些资源可以直接对角色 A 的积极情绪产生影响。例如，一个角色中产生的心理资源（如自尊、乐观、希望）可以促使个体产生积极的心情、积极的情绪以及对该角色更高的满意度（Isen & Baron, 1991）。此外，在工作中社会资源（工作弹性或工作场所支持）的积累也与个体对事业的满意度正向相关（Seibert, Kraimer & Liden, 2001）。从工作中获得的财务奖励也与员工对工作的满意度正向相关（Judge, Cable, Boudreau & Bretz, 1995）。此外，家庭总体收入可以显著提高婚姻的稳定性（Haas, 1999）。其次，角色 A 中获得的资源可以通过角色 A 的绩效间接影响角色 A 的积极情绪。在对工具型路径的讨论当中，主要关注的是角色 B 的绩效如何通过角色 A 产生的资源转移而得到提高。而这里讨论的是角色 A 或者角色 B 产生的资源也可以提高本角色的绩效。例如，工作导向的自尊、技能的获取、社会资源可以提高员工的工作绩效，帮助其获得事业的成功。从上级领导处获得的信息可以帮助员工更好地完成工作。从家庭当中获得的婚姻资源，可以提高家庭的总体收入。

情感路径当中的另一个因素显示了角色 A 当中的积极情绪是如何影响角色 B 的绩效的。Edwards 和 Rothbard（2000）提出角色 A 当中产生的积极心情可以增强角色 B 的认知过程、人际关系以及毅力，进而增强另一个角色的绩效，并在角色 B 当中产生积极的情感。

Rothbard（2001）认为个体在一个角色当中产生的积极情绪可以促进其在另一个角色中的绩效，并为上述关系提供了三种可能的解释。第一种解释，积极的情绪通常与助人行为以及其他的积极行为相关，而此行为可以帮助个体在角色 B 中有更好的投入度。第二种解释，积极的情绪使得个体更加关注外部而不是关注自身，这就使得个体与外界（同事或家人）有更好的互动，进而有更好的人际关系。第三种解释，与 Marks（1977）的研究一致，积极的情感可以增加个体的能量，进而增加个体在另一个角色中的投入。Rothbard（2001）的研究部分支持了她的预测，研究结果发现，其在工作当中产生的积极情感可以提高对家庭角色的关注度（男性），家庭角色当中获得的积极情感也可以促使个体更多的关注他们的工作角色（女性）。

综上所述，Greenhaus 和 Powell 提出的工作-家庭增益模型解释了角色 A 中获取的资源如何影响角色 A 自身的绩效和积极情绪，同时也解释了角色 A 中的资源可以通过两种形式影响角色 B 中的绩效和积极情绪：一种形式是直接影响角色 B 的绩效和积极情绪；而另一种形式则是通过角色 A 的积极情绪间接的影响角色 B 的绩效和积极情绪。因此，Greenhaus 和 Powell 的理论模型可以帮助我们解释工作-家庭正向溢出与结果变量之间的关系，角色 A 的资源对角色 A 自身的绩效及情绪的影响可以帮助我们解释工作-家庭正向溢出与结果变量的直接影响效应，而角色 A 的资源对角色 B 的绩效和情绪的影响可以帮助我们理解工作-家庭正向溢出与结果变量的交叉影响效应。

2.5.4　工作需求-资源模型

Bakker 和 Demerouti（2007）对资源-控制模型（demand-control model）和奖酬失衡模型（the effort-reward imbalance model）这两种压力模型进行了回顾，总结了两个模型各自的优缺点，并在这两个模型的基础之上提出了工作需求-资源模型。

资源-控制模型（resource-control model）。在讨论职业健康的文献当中，一些理论模型认为，工作压力感是由员工感知到的需求与他们所具有的资源之间的平衡失调而导致的。例如，资源-控制模型认为工作压力是由多种工作需求（特别是工作超负荷、工作时间）以及对工作的控制水平较低引起的。这里的工作控制指的是个体在日常的工作中对工作任务的掌控程度（Karasek，1979）。因此，资源-控制模型的一个基本前提是，如果个体能够自己控制如何满足自身的工作需求，那么其就不会感知到工作压力，这里的工作压力包括与工作相关的焦虑、倦怠和对工作的不满意等。

已有研究结果显示，多种高工作需求的组合与低水平的工作控制都是个体心理压力及心理疾病的重要来源（Karasek，1979；Schnall et al.，1994）。除此以外，一些研究表明，工作控制可以调节工作需求与员工健康之间的负向关系（De Jonge & Kompier，1997；Van der Doef & Maes，1999），但是此项研究结论在工作-家庭关系的研究中却没有得到学者的一致认同。

奖酬失衡模型（the effort-reward imbalance model）。奖酬失衡模型强调了奖酬而不是工作控制对工作的重要意义。奖酬失衡模型认为工作压力感是由个体获得的奖酬（如薪水、物质奖励、精神奖励以及职业发展机会，包括晋升机会、工作安全等）与自身付出的努力不平衡而引起的。其基本假设是：员工自身的努力得不到预期应有的回报而致使员工感觉到倦怠及压力（Walster et al.，1978），进而可能引起一些疾病，如心血管疾病或者其他一些对压力的应激反应。与资源-控制模型不同的是，奖酬失衡模型在模型中引入了个人因素的影响，即"承诺"，被定义为个体的一种态度、行为及情感反应的集合，且反映了个体希望被他人认可及尊重的强烈愿望。根据奖酬失衡模型，承诺能够调节奖酬失衡与员工健康之间的关系。因此，个性常常被认为是能够影响奖酬与个人努力之间的关系的重要因素，并且此结论已经得到了证实（De Jonge et al.，2000）。

资源-控制模型与奖酬失衡模型的优缺点。资源-控制模型与奖酬失衡模型的基本假设都是当个体的资源（如奖酬失衡模型提到的工作自主性、薪酬、精神奖励、职业发展机会）缺乏时，工作需求会引起工作压力。一般来说，人们可能会认为两个模型的优点在于这两个模型都比较简单易懂，但在某种程度上，这也可以被看成是两个模型的缺点。由于在现实中，复杂的工作组织中的各种因素被两个模型简化成了仅仅几个变量，因此，两个模型看起来似乎有点与现实脱节，实践指导意义较弱。事实上，有关个体健康的研究已经证实了多种因素包括工作需求与工作资源对个人健康的预测作用，这些因素不仅包括个体的生理工作需求、心理工作需求、自主性等，还包括情感需求、同事支持、上级支持、绩效反馈等（Halbesleben & Buckley，2004；Lee & Ashforth，1996）。因此，资源-控制模型与奖酬失衡模型的普遍适用性也受到了挑战。一些学者在使用资源-控制模型与奖酬失衡模型时也都将情感需求等加入了模型当中。

因此，根据资源-控制模型与奖酬失衡模型，Bakker 等提出了工作需求-资源模型，该模型的基本假定为每一个职业都有其自身的与工作压力相关的风险因素，这些风险因素可以被归纳为两大类，即工作需求和工作资源。工作需求是指"由于工作上对员工生理、心理及组织方面的需要，需要员工在生理及心理上付出一定的认知、情感、技能以应对工作，可以说工作需求需要员工付出一定的心理及生理成本"。工作资源指的是"工作中生理、心理、社会及组织方面的特性，能够帮助员工完成工作目标，降低工作需求，激励个人的成长，不断学习和发展"。资源在帮助个体应对工作需求的同时，也对员工自身有非常重要的作用。这在某种程度上与资源保存理论的观点较为一致，两种观点都认为人们最主要的动力来自个体获取及积累的资源。因此，资源对于个体来说是相当重要的，它们不仅可以帮助个体达成目标，也可以保护其他有价值的资源。工作资源不仅涉及组织层面的资源（如工资、职业发展机会、工作安全感），也涉及个体与个体之间的关系，社会关系（同事支持、上级支持、团队氛围），与工作相关的资源（决策自主权、技能多样性、工作自主性以及绩效反馈）等。

两种作用过程。工作需求-资源模型的第二个假设是：在个体的工作压力与工作动力发挥作用的过程当中，有种潜在的心理过程发生作用。

首先是健康的损耗过程，工作需求（如工作超负荷、情感需求）会消耗员工的精神及心理资源，最终导致能量的消耗并产生健康问题（Demerouti et al., 2000, 2001a, 2001b; Leiter, 1993）。根据 Hockey（1993）的观点，个体在具有压力的环境当中倾向于采取绩效-保护策略。即个体通过调动其他资源或者增加投入来达到绩效保护的目的。因此，个体需要付出的努力越多，需要损耗的资源也越多。

其次是动机的作用过程。该过程假设工作资源可以激发个体潜在的动力，并表现出高水平的工作投入，低水平的倦怠及出色的工作绩效。正如前文对工作资源的定义，工作资源既可以被视为一种内在的驱动力，促进员工的个人成长、学习及发展；也可以被视为一种外在的驱动力来帮助个体完成其工作目标。首先，针对内在驱动力，工作资源满足了个体基本的人类需求（Deci & Ryan, 1985），如自主性、竞争及对关系的需求（Baumeister & Leary, 1995）。例如，适当的工作反馈可以帮助个体进行再学习以提高自身在工作中的竞争能力，而决策权及社会支持满足了个体对于自主性及归属感的需求。其次，工作资源也扮演着外在驱动力的角色，根据努力-恢复模型（effort-recovery model）（Meijman & Mulder, 1998），工作环境可以为个体提供很多资源，以帮助个体付出努力以完成工作。例如，来自同事的支持及上级领导的绩效反馈能够帮助个体更好地胜任工作任务。然而无论是内在驱动力还是外在驱动力，工作资源都可以通过满足个人需求或帮助个体完成工作目标等途径提高员工的工作积极性，而资源的匮乏则可能引起员工产生对工作的负面情绪。

工作需求与工作资源的交互作用。工作需求-资源模型除了讨论工作需求和工作资源与结果变量的主效应以外，还讨论了工作需求和工作资源在上述过程中的交互作用。具体来说，该模型假设工作资源可以缓解工作需求对工作压力（包括工作倦怠）的影响（Bakker et al., 2003）。这一假设与需求-控制模型的观点一致，但不同的是，工作需求-资源模型还强调了多种不同的资源可以调节多种不同需求与压力之间的关系，也就是说，在一个组织中，工作需求及工作资源是否发挥作用也取决于组织中一些特殊的工作特征的作用。因此，需求-控制模型强调的是对于任务的控制（自主性）可以调节工作超负荷与工作压力之间的关系，而工作需求-资源模型将这种观点丰富化，认为在预测工作压力时，不同种类的工作需求与不同种类的工作需求之间存在着交互作用。

针对不同种类的工作资源，起调节作用的因素是不同的。例如，员工与上级良好的人际关系可以调节工作需求（如工作超负荷、情感需求、生理需求）与工作压力之间的关系，上级的理解及支持可以帮助员工应对工作压力，增加绩效，也可以保护员工免受一些疾病的困扰。再如，工作自主性对于增强员工的健康、幸福感也有着至关重要的作用。因此自主性可以使得员工有更多的机会和自主权去应对压力性的环境（Karasek, 1998）。社会支持也被广泛认为是缓解需求-压力关系的调节变量。例如，来自同事的工具型支持可以帮助个体按时完成工作，进而缓解工作超负荷及需求给自身带来的压力（Van der Doef & Maes, 1999）。再例如，结构化的工作反馈不仅可以帮助员工更有效地完成工作，也能够增强上级和下属之间的有效沟通。当准确而具体的信息能够以结构化的方式在上级和下属之间流通时，上级和下属都可以提高他们各自的绩效。而上级对下属的赞赏表扬也可以维持下属的工作动力并引导员工的行为（Hackmanand & Oldham, 1980）。并且，员工在需要的时候以积极的方式与上级沟通也可以有效减少工作中的问题，进而提高工作绩效。

工作需求-资源模型的第三个假设为当工作需求较高时，工作资源更能够影响员工的动力及工作投入。根据资源保存理论（Hobfoll, 2001），人们寻求、维持并保护自身需要的资源（如个人资源、婚姻资源、社会资源以及能量资源），该理论也认为个人经历压力的过程也可以被视为是资源流失的过程。具体来说，Hobfoll 和 Shirom（2000）提出了如下观点：①为了防止资源的流失，人们必须获取新的资源；②拥有资源越多的个体越不容易损失资源；③那些没有渠道可以获得更多资源的个体更容易损失资源；④拥有较多资源的个体越有机会获取更多的资源。

Hobfoll（2002）也强调单独讨论资源时，也许资源的影响并没有那么显著，但是当人们面对资源的损失时，资源发挥的作用更为显著。换句话说，资源的获取可以激发个体的动力，但是当人们面对高水平的工作需求时，资源的作用尤为显著。

工作需求-资源模型如图 2.3 所示：

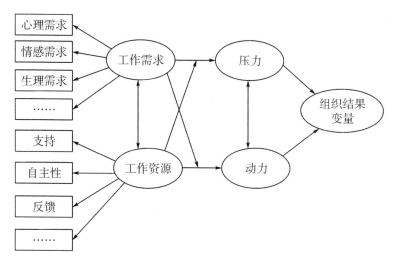

图 2.3　工作需求-资源模型

综上所述，Bakker 和 Demerouti（2007）提出的资源-压力模型表明，工作压力负向影响工作家庭关系，而资源正向影响工作家庭关系。根据工作资源-压力模型，由于个体的资源有限，工作需求使得个体难以在工作角色和家庭角色之间保持平衡（Grzywacz & Marks, 2000; Tement & Korunka, 2015; Voydanoff, 2004），然而工作资源可以保持个体完成工作责任和家庭责任的能力，从而对工作家庭关系有正向的促进作用（Grzywacz & Butler, 2005; Grzywacz & Marks, 2000; Tement & Korunka, 2015）。

然而，现有的研究在利用工作需求-资源模型来解释工作家庭关系时，仅仅考虑了工作领域的需求及资源，忽略了个体特质对于工作家庭关系的影响，在工作家庭关系领域的研究中，Michel、Kotrba、Mitchelson、Clark 和 Baltes（2011b）对 142 项工作家庭关系的研究进行了回顾，发现个人特质影响着个体对环境因素的反应。例如，消极情感得分较高的人容易感知到工作与家庭之间的冲突，而积极情感得分较高的人则容易感知到工作与家庭之间的促进。因此，无论是积极情感还是消极情感都对工作-家庭正向溢出有显著的影响。正向的个体特质，如积极情感及核心自我评估（core self-evaluations）可以帮助个体更高效地利用资源，促使其更好地扮演工作角色及家庭角色（Daniel & Sonnentag, 2014; Judge, Bono, Erez & Locke, 2005）；相反，负向的情感特质，如消极情感及情绪不稳定性（neuroticism）则会阻止个体更好地扮演工作及家庭角色（Aryee et al., 2005）。

2.5.5　资源–获取–发展观点模型

Wayne、Grzywacz、Carlson 和 Kacmar（2007）根据积极组织学术研究（positive organizational scholarship）、生态系统理论（ecological system theory）、资源保存理论（conservation of resources theory）开发了资源–获取–发展观点模型（resource-gain-development perspective）。基于此模型，Wayne 等解释了工作–家庭促进（work-family facilitation）的发生机制及工作–家庭促进与各个领域结果变量的关系。Wayne 等（2007）强调多数的工作–家庭关系的研究关注工作和家庭之间的负面影响，相比之下，少有研究讨论工作和家庭之间的正向关系，即工作领域和家庭领域之间的"协同增效效应"，并且目前较少的理论关注工作–家庭正向影响，同时也并没有一个理论能够整合相关学科的理论来解释工作–家庭促进的发生机制。因此，在这样的研究背景下，Wayne 等（2007）结合了三种既有理论，提出了工作–家庭促进发生机制的作用模型。具体观点如下：

积极组织学术研究。首先，根据积极组织学术研究的观点，作者强调了在工作领域和家庭领域之间正向影响过程中，人类生活条件的重要性以及人类学习过程的重要性。积极组织学术研究理论主要关注组织中个体之间的相互作用过程，以及组织和个人的相互作用过程（Cameron et al., 2003）。换句话说，该观点强调环境、组织及个体之间的相互作用方式，并且强调这种作用方式是如何影响个体、团队及组织的，即关注个人能力及组织机制如何对组织的积极结果产生影响。将这种观点应用在家庭–工作关系的解释中，工作–家庭促进可以理解为个体如何增强工作领域和家庭领域的积极互动，以获得有益的结果。因此工作–家庭正向溢出的研究属于积极组织行为学术研究的范畴。

因此，积极组织行为学术研究的基本假设为工作–家庭促进的作用机制提供了合理的解释，强调工作–家庭促进是如何影响由工作和家庭两个领域组成的社会系统的结果变量的。例如，积极组织学术研究的一个假设是人类会趋利避害。而这其中的"利"被视为可以激发个体的多种潜能，进而增加组织及个人绩效的优势资源（Fredrickson & Losada, 2005）。因此，根据积极组织学术研究的观点，个体倾向于积累积极的经验，并利用环境中有利的资源来增强自身的优势，进而使其生活的整个"系统"受益。

生态系统理论。生态系统理论也曾被研究者用来解释工作和家庭之间的关系，强调人类最本质的需求以及自身成长和发展的能力。与积极组织学术研究的基本假设类似，生态系统理论强调个体天生就具备成长和发展的能力（Bronfenbrenner，1979）。生态系统理论也为我们提供了工作-家庭促进的作用发生机制以及与前因变量关系的合理解释。根据生态系统理论，个体会通过其与周遭环境之间的持续影响作用来获得有益的资源及技能（Bronfenbrenner & Ceci，1994）。然而，这种个体获得资源与技能的过程被视为工作-家庭促进作用发生机制的关键。生态系统理论认为，个体从周遭环境中所获得的资源是工作-家庭促进作用机制能够发挥作用的最主要的资源，并且这些资源是能够通过个体与周遭环境的相互作用机制来获得的。

生态系统理论也强调了需求的重要性（Bronfenbrenner & Morris，1998），这里的需求指的是，个体对周遭环境做出反应时的需求。根据生态系统理论，需求可以直接影响工作-家庭促进，或者作为调节因素影响环境资源与工作-家庭促进之间的关系。因此，生态系统理论的主要观点在于个体自身具有成长和发展的能力，且能够充分获取和利用个体自身及环境中的资源来达到成长的目的。同时，个体利用资源成长的发展程度也依赖于个体自身对环境的需求。

资源保存理论。积极组织学术研究和生态系统理论为我们理解工作-家庭促进为什么会发生以及如何发生提供了理论基础，并且提出了资源的重要性，而资源保存理论（Hobfoll，2001）为研究者识别不同种类的资源提供了有益的探索。Hobfoll 将资源定义为可以从环境中获取的一切属性。这些资源包括个性特征、物体、条件、能量以及支持。其中，个性特征指的是个体在世界观引导下的特质及技能，如自尊和乐观等。事物即个体自身的一切所属物品，如汽车、房子、衣服、食物以及其他的任何财产物品。能量资源指的是时间、金钱以及知识，这些资源可以帮助个体获取更多的其他资源，如家庭的和谐以及工作上的晋升机会。条件指的是那些可以从长辈、婚姻以及雇佣关系中获得的一切的有利资源。最后，支持，例如忠诚度或者是亲密行为，可以帮助个体获得更多的其他资源。

资源-获取-发展观点。Wayne 等（2007）认为积极的组织学术研究理论、生态系统理论以及资源保存理论各自都不能形成一个独立的模型来解释工作领域和家庭领域之间的正向作用关系。积极的组织学术研究和生态系统理论解释了为什么促进可能会发生，但是却不能为我们提供工作和家庭相关关系的逻辑框架。而资源保存理论，作为一种基于压力的理论，虽然强调人们倾向于努力保存资源以减少压力，但是却没有直接为我们提供支持个体成长及发展背后的深层原因。因此在三个理论基础之上，Wayne 等（2007）提出了资源-获取-发展观点以解释工作-家庭促进的发生机制，并且定义了工作-家庭促进的前因变量、结果变量以及调节因素。

资源-获取-发展观点的基本逻辑在于个体具有与生俱来的成长、发展以及完善自我的能力，同时也具备提高自身所处系统（工作和家庭）功能的能力。正是由于个体具备自身寻求发展的自然倾向，当个体参与一个角色时，其倾向于从中获取资源以获得更好的成长和发展，其认为个体倾向于最大化利用可用资源以获取更多的收益。当从一个领域获得的收益可以在另一个领域中得以应用、维持甚至加强时，那么个体在整个生活系统（工作及家庭）的功能便得以改善。

资源-获取-发展观点认为工作向家庭的促进发生的关键在于资源的获取，这些资源包括个体特征及环境资源（食物、条件、能量、支持），以及促进个人发展的技能、观点、积极情绪、经济条件、社会网络和健康资本等，这些资源可以提高整个系统（工作及家庭）的效率。也就是说，个体拥有越多的资源，工作-家庭促进作用机制越有可能发生。已有实证研究支持了上述观点。例如，Voydanoff（2004）发现工作需求是工作-家庭冲突的显著前因变量，而工作资源是个体感知到的工作向家庭的促进的显著前因变量。类似地，Grzywacz 和 Butler（2005）认为与工作相关的资源，特别是工作决策权，与工作向家庭的促进显著相关。

资源-获取-发展观点同时也概括了能够促使工作-家庭促进发生的多种个人特征及环境资源。如图2.4所示，首先，个人特征指的是个体自身所具备的特质，这些特质可以促使个体更容易感知到积极的情绪状态，寻找有利于自身发展的积极经验，从而获得更高的地位及更多的财产。个体积极的情感状态和自我效能感是个人特质的两个重要因素，这些特质可以提升个体的积极情感、技能发展及学习的过程，进而促使个体获得更多的收益。同时，个体经历的积极的改变及收益也可以帮助其在生活中的其他领域有更好的绩效，从而促使个体生活的整个系统（工作和家庭）的整体功能得到改善，这样，工作-家庭促进的作用机制便发生了。

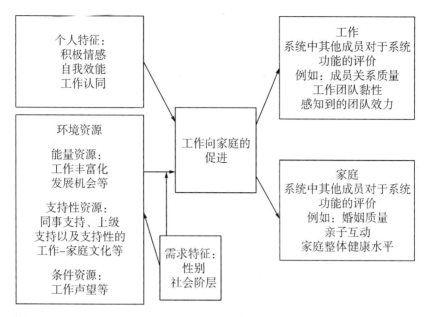

图 2.4　资源-获取-发展观点模型

　　能够帮助个体得到更好发展的环境因素也是能够促使工作-家庭促进发生的重要方面。例如，工作丰富化及工作场所中支持性的工作环境可以让个体拥有良好的情绪，促进个体潜力的发挥，进而能够促使个体在生活中的其他领域表现得更为出色。总体来说，当个体能够获得更多的环境资源，例如事物性资源、更好的条件、更多的能量及支持资源时，个体更容易获得自身的成长和发展并更容易经历工作-家庭促进。

　　虽然个体获得越多的环境资源（如事物、条件、能力以及社会支持），越有可能经历工作-家庭促进，但是（Wayne, Grzywacz, Carlson & Kacmar, 2007）环境资源和工作-家庭促进的关系也受到个人特征的影响（Grzywacz, 2002）。具体来说，能从环境中获取资源以及更加善于利用资源的个体可以在环境中获取更多的收益，更容易感知到工作-家庭促进。例如，职场人士比非职场人士有更多的机会获得家庭支持性资源，说明了职业状况影响着资源的获取，并最终影响工作-家庭促进作用的发生。此外，当不同群体面临相同的环境资源时，一些个体可以更有效地利用环境资源以获得自身的发展及成长。例如，当男性和女性同时面对家庭支持性资源时，通常女性可以比男性更好地利用家庭支持性资源，进而更可能感知到工作-家庭促进。因此，个人特征，例如职业状况及性别可以通过影响个体的资源获取能力，进而影响工作-家庭促进。

Wayne 等（2007）还指出，以往的研究在检验工作-家庭促进的结果变量时，多数的学者将关注点放在个体层面的结果变量，如个体的精神及生理健康变量（包括抑郁、酗酒、肥胖症等）（Grzywacz，2002；Grzywacz & Marks，2000）。例如 Wayne、Musisca 和 Fleeson（2004）的研究检验了工作-家庭促进与个体层面的员工工作态度及行为结果之间的关系。随后，一些学者认为个体在工作中的投入也可以提高个体的健康水平、绩效以及在家庭中感知到的积极情感，在家庭领域中也是如此。之后研究工作-家庭关系的学者也开始强调在工作-家庭关系的研究中，更高层面的结果变量（如组织层面、国家层面）的重要性。研究更高层面的结果变量对于研究人力资源管理的学者及管理者也有着重要的理论及实践意义。

正如积极的组织学术研究理论强调的那样，积极的情感、经历以及事件可以改善个体整个生活系统的功能（Cameronet et al.，2003），而更为重要的是，这种系统整体功能的改善可能不仅惠及个体本身，一个领域的绩效的改进也可能惠及个体生活系统中的其他成员，如家人、同事等。已有关于工作-家庭关系"个体间交叉影响"的研究表明，系统中一个成员的工作-家庭关系的改进会影响系统中其他成员的态度、行为，乃至工作-家庭关系（Hammer，Allen & Grigsby，1997）。而这种个体间交叉关系的影响不仅涉及工作-家庭的正向影响，也涉及工作-家庭的负向影响（Westman，2006）。因此，综上所述，Wayne 等（2007）认为当个体从一个领域获得收益时，他/她整个生活系统（工作和家庭）的功能可能会得到改进，与此同时也会影响系统中其他成员（家人或者同事）对于整个系统结果变量（如与所处系统中其他成员之间的关系以及系统的整体功能等）的评价。

Wayne 等（2007）的资源-获取-发展观点强调个体与生俱来就具有完善自我发展的能力。因此，当参与一个角色时，个体能够从该角色中获取资源，并最大化地利用获取的资源来提高个体整个生活系统的绩效及功能。

该模型强调的是当个体从工作领域获得收益时，他/她整个生活系统（工作和家庭）的功能可能得到改进，与此同时也会影响系统中其他成员（家人或同事）对于整个系统层面的结果变量（如与所处系统中其他成员之间的关系以及系统的整体功能等）的评价。但是 Wayne 等（2007）的研究仅仅讨论了工作向家庭的促进，而且本书涉及的变量多是个体层面的变量，并没有谈及工作-家庭正向溢出对于工作和家庭整个系统功能的作用，所以 Wayne 等（2007）的模型也不适合本书。

2.5.6　工作-家庭资源模型

基于资源保存理论，Brummelhuis 和 Bakker（2012）解释了个人的资源（如时间、精力、情绪）是如何将个体在工作领域的需求及资源与家庭领域的结果变量联系在一起的。Brummelhuis 和 Bakker（2012）在总结了前人理论的基础之上提出了工作-家庭资源模型（work-home resource model），该模型描述了工作-家庭冲突/工作-家庭促进的发生过程，工作-家庭冲突描述的是个体在一个领域的需求会消耗个体的资源，并阻碍个体在另一领域完成其肩负的责任。工作家庭促进则描述的是角色积累的过程，即工作或者家庭资源可以积累个体所具有的资源，而这种资源可以帮助个体改善工作领域或者家庭领域的结果变量。除此之外，工作-家庭资源模型也解释了情景条件因素（如个体个性特征及文化）对工作-家庭冲突及工作-家庭促进的可能影响，工作-资源家庭模型还解释了工作-家庭冲突及工作-家庭促进带有时间效应的纵向作用发生机制。

Brummelhuis 和 Bakker（2012）总结了以往工作-家庭关系的主要模型，包括基于角色理论的工作-家庭冲突模型、工作-家庭促进模型以及将工作-家庭关系视为一个中间系统的模型，这个中间系统直接作用于个体，且个体参与到其中的两个或多个环境中间的相互关系。工作-家庭冲突模型的基本的观点是员工所具备的资源（如时间、精力）是有限的，个体在一个领域的需求消耗了个体的资源，使得个体不能同时兼顾两个领域的需求，致使另一个领域的需求难以得到满足，最终造成工作和家庭之间的冲突（Frone, Russell & Copper, 1992；Greenhaus & Beutell, 1985）。工作-家庭促进模型表明，个体技能、社会支持以及自尊等资源的获取，通常用来解释为什么个体在一个角色中所获取的经验可以有效帮助个体在另一个领域获得生活质量的提高（Greenhaus & Powell, 2006；Wayne et al., 2007）。然而，Brummelhuis 和 Bakker（2012）指出工作-家庭冲突模型及工作-家庭促进模型都没有考虑工作领域及家庭领域以外的因素（如生态、文化、个性特征）对工作-家庭关系的影响（Parasuraman & Greenhaus, 2002）。中间系统理论的倡导者将工作-家庭之间的关系看成是一个中间系统（mesosystem），这个中间系统直接作用于个体，并且个体参与到其中的两个或多个环境之间的相互关系。该理论结合了生态系统理论（Bronfenbrenner, 1994）和微观系统理论（microsystem theroy），生态系统理论强调的是个体的发展过程是通过个体及个体生活周围的若干个系统相互作用而实现的。而微观系统理论强调的是人与人之间的人际关系、社会角色可以帮助个体与社会环境进行互动。中间系统（mesosystem）则结合了生态系统理论和微观系统理论来说明工作领域和家庭领域之间的联系。Bronfenbrenner（1994）的研究描述了另外几种系统理论，例如，外部系统理论（exosystem theroy）（即个体直接与一个领域发生作用关系），宏观系统理论（macrosystem theroy）（主要描述文化价值观、氛围、经济环境等）以及时间系统理论（chrono systems theroy）（主要描述事物随着时间、生命阶段以及历史逐渐发展的过程）。而工作和家庭之间的关系可以被看成工作和家庭两个相互关联的微观系统组成的中间系统，生态系统理论在阐明工作-家庭关系时将宏观因素和工作-家庭关系随时间发展的脉络考虑了进去，然而这种理论观点却没有清楚地描述工作和家庭两个系统是如何相互关联的。因此，工作-家庭两个微观系统是如何相互影响的也是生态系统理论没有回答的问题。

因此，在回顾了上述研究理论的基础之上，Brummelhuis 和 Bakker（2012）采用资源保存理论来构建工作-家庭资源模型，并结合了条件因素，即工作-家庭关系随时间发展的过程，阐明工作-家庭冲突及工作-家庭促进的作用发生机制。

资源保存理论。资源保存理论（Hobfoll，2002）被普遍认为是解释个体压力及健康最具有影响力的理论之一。资源保存理论描述了个体面对环境中的压力时是如何进行反应的，以及所感知到的压力是如何影响个体的健康的。资源保存理论的第一个假设是人们倾向于获取、保存并保护资源，而当压力发生时，这些资源则面临着可能流失的风险，或者资源会真正的流失（Hobfoll，2002）。这里的资源被定义为人们生活中所需要的，甚至个体比较重视的资源，例如事物（房产）、个人特征（如乐观）、条件（如婚姻状况）以及能量（如时间、金钱等）。资源保存理论的第一个假设假定了人们如何获取资源以应对压力的过程，如果个体在此过程中采用的应对机制不能发生作用，或者必须投入更多的资源，那么压力就可能得不到有效缓解，反而会影响个体的生活（Hobfoll，2002）。假如一个员工被分配了一项非常重要且有难度的任务，如果任务失败可能会导致该员工丢掉这份工作，这个员工可能会倍感压力。因此，在这种情况下，员工的资源受到威胁。为了避免丢失工作的情况发生，员工会尽最大努力完成工作。此时，员工需要多种资源（如时间、认知能力、体力），而当这些资源都耗尽时，员工便会感知到压力。当员工因不能有效地完成这项任务而失去工作时，员工的压力便彻底产生了。

资源保存理论的第二个基本假设为个体具有的资源可以使其获得更多的资源。Hobfoll（2002）将这种现象描述为"resource caravans"，意思是说资源可以形成"资源束"。在个体没有经历压力的情况下，其倾向于获取更多的资源。个体的这种行为可以为将来可能遭遇的困境而做出更加充分的准备，同时也能提高个体的健康及幸福感（Hobfoll, 2002）。例如，一个具有良好的社会网络关系的企业家倾向于利用社会网络获取更多的可以赚钱的资本。而一旦利用社会网络获取了更多的资本，个体所具有的资源可能会形成一个"资源漩涡"，这样资源积累便形成了。"资源漩涡"的概念由资源保存理论的其他三个假设来加以说明。假设三：拥有更多资源的个体倾向于避免不利的处境，这样其可以投入更多的已有资源来获取更多的资源，而不是投入更多的资源而造成资源的损失。假设四：即使拥有资源的个体遇到了压力较大的环境，他们也能更好地应对压力。假设五：当拥有更多资源的个体具有可用的替代资源时，当其面对资源消耗时更不容易损失资源。"资源漩涡"这一概念也可以从资源假设理论的假设六和假设七反映出来，假设六提出资源所带来的影响会随着时间和环境的改变而得以保持。而假设七提出个体倾向于珍视自己所具有的资源，而那些具有更多资源的个体通常也是被他人所偏爱的，这样利用已有资源获取新资源的过程可以形成一个闭合的循环圈。总而言之，资源保存理论的七个假设主要反映了两个过程：一是当面对压力时资源的消耗过程，二是资源不断积累的过程（Hobfoll, 1989, 2002）。

资源的种类。因为资源在资源保存理论中扮演着重要的角色，所以我们有必要对资源的种类进行区分。首先，根据资源的来源划分，资源可以分为环境资源和个体资源（Hobfoll, 2002）。环境资源指的是个体自身以外并能从个体周围环境中获取的资源。例如，房产、婚姻或者是从上级获得的社会支持。个人资源指的是个体自身所拥有的一些个人特质及能量等。资源的这种划分可以帮助我们理解员工是如何利用环境中的资源以达到他们自身的目的的。例如，工作自主性（一种环境资源）可以使员工以更加高效的方式来安排工作，进而节省更多的时间（一种个人资源）。员工可以利用这些节省下来的时间从事其他活动，例如休闲、工作或者家庭。至此，个体也可以获得其他的环境资源（良好的婚姻状况）。

根据资源是稳定的还是暂时的标准，我们也可以对资源进行划分。一种资源被称为不稳定资源，这些资源或者是短暂的、不能重复利用的，一旦这种资源（如时间、体力）被利用就不能用于完成其他工作，或者这种资源是即时的，如人的心情和注意力。另一种资源被称为结构化资源或者稳定资源，这种资源可以被多次利用且持续较长时间，如房产资源或者一个社会网络，这些资源都是稳定的，而且随着时间的推移可以得到保持。结构化资源更为稳定，且随着时间的推移不会消失，因此，这种资源允许个体在压力性的环境中得以重复使用。

资源的第三种分类是根据资源的重要性分类（Hobfoll，2002）。主要资源指的是那些可以选择、改变以及积累更多资源的资源（Thoits，1994）。这些资源包括一些个人特质，这些个人特质可以帮助个体更加积极并高效地应对环境变化（Hobfoll，2002），如乐观及对目标的执着追求，社会影响力及社会地位等，这些资源可以帮助个体更有效地调动其他资源，同时也可以使个体更加有效地利用其他资源，在决策过程当中可以帮助企业中职位较高的个体获取他们想要的结果。主要资源的概念帮助我们理解人们是如何应对压力并有效地利用其他资源的。例如，性格乐观以及具备高自尊感（主要资源）的个体更能胜任具有难度的工作，并倾向于积极地寻求帮助以更好地完成任务（Hardre，2003）。

最后根据 Bronfenbrenner（1994）的生态系统理论，Brummelhuis 和 Bakker（2012）添加了另一种资源的种类，即宏观资源。宏观资源指的是个体所处的宏观环境的各种特征，如经济发展、社会及文化。宏观资源决定了个体寻求资源的程度以及有效利用资源的程度。例如，如果政府提供公共的托儿机构，那么双职工的父母就能够更有效地参与到劳动力市场中并且无需再寻找私人的幼儿看护。

工作-家庭资源模型（工作-家庭冲突和促进）。资源保存理论所描述的资源损失及获取过程也可以用来解释工作和家庭之间的关系。其中，压力解释了工作-家庭冲突的发生机制。压力也可以被定义为一种环境型压力，指的是当个体在面临社会及组织的一些需求时，需要生理和心理上的付出以应对这些需求（Demerouti，Bakker，Nachreiner & Schaufeli，2001；Peeters，Montgomery，Bakker & Schaufeli，2005）。工作-家庭冲突反映了在一个领域中的需求会消耗个体资源，以至于影响另一个领域的结果变量。

相反地，环境资源可以催生工作-家庭促进作用。与"资源漩涡"的基本思想一致，个体所具有的资源可以使个体获得更多的资源。工作-家庭促进可以被理解为个体从工作领域或者家庭领域获得的环境资源使得个体能够获得更多其他的个人资源。个体在一个领域中获得的个人资源可以提高个体在另一个领域中的绩效。例如，配偶的情感性支持（一种环境资源）可以提高员工的积极情绪以及自尊感（个体资源）。这些个体资源可以被员工用于工作当中，进而提高员工的工作绩效（Greenhaus & Powell，2006；Rothbard，2001；Ruderman，Ohlott，Panzer & King，2002）。因此，环境中的压力和资源是引起冲突及促进的主要原因，而个人资源可以被看成连接工作领域和家庭领域的枢纽。工作-家庭资源模型如图2.5所示。

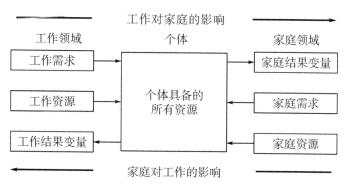

图 2.5　工作-家庭资源模型

　　工作领域或者家庭领域的环境需求包括可量化的需求（超负荷）、情感型需求、生理需求以及认知需求（Bakker & Demerouti, 2007; Peeters et al., 2005）。超负荷指的是个体需要在短时间内完成很多任务。在工作中，员工需要在较短的工作期限内完成任务，而在家庭中的表现为个体需要在短时间内完成家务劳动等。情感型需求指的是那些触动个体并使其产生情绪上的消耗的需求（如配偶间的冲突，或者工作中出现的性骚扰行为等）。生理需求指的是个体在完成任务时需要消耗大量的体力，而认知需求指的是那些需要集中精力处理的事情，如在工作中同时完成多项任务或者协调家庭事务等（Demerouti et al., 2001; Peeters et al., 2005）。

　　以往的研究已经对多种环境资源进行了讨论，特别是对工作领域的环境资源的讨论（Bakker & Demerouti, 2007; Demerouti et al., 2001），一些学者也对家庭领域的环境资源有所讨论（Peeters et al., 2005）。社会支持指的是与个体相关的个人（同事或者家人）所提供的工具型支持与情感型支持。环境资源（如自主性）可以使员工决定什么时候以及怎样完成工作。其他的环境资源也包括个人成长的机会以及绩效反馈等（Demerouti et al., 2001）。

　　以往工作-家庭关系的文献也对多种个人资源进行了讨论（Carlson et al., 2006; Edwards & Rothbard, 2000; Graves et al., 2007; Greenhaus & Beutell, 1985; Greenhaus & Powell, 2006; Grzywacz & Marks, 2000; Rothbard, 2001; Ruderman et al., 2002）。个人资源包括心理资源、生理资源、认知资源、情感型资源以及资本资源。心理资源指的是能够有效帮助个体完成任务的心理资源，如关注点、注意力等。生理资源包括生理能量及健康。认知资源指的是个人所具备的知识、技能以及经验。情感资源包括个体所感知到的积极情绪（如乐观的心态以及成就感等）。资本资源指的是能够促使个体完成角色绩效的工具型资源（如时间、金钱等）。

工作家庭关系的结果变量可以分为产品型结果变量、行为型结果变量和态度型结果变量（Cohen & Bailey, 1997）。在工作领域，产品型结果变量指的是能够提高效率的创造性产品及服务，产品型结果变量包括工作效率、产品质量、生产目标的完成。在家庭领域，产品型结果变量指的是能够有效地完成家庭任务，照顾好家庭成员。在工作中，行为型结果变量描述的是能够影响更多工作结果的个人行为，如缺勤程度、员工离职率和工作安全感。在家庭中，行为型结果变量包括家庭成员的健康或安全的家庭环境等。工作中的态度型结果变量包括工作满意度、组织承诺、管理信任、工作投入度、工作倦怠。家庭中的态度型结果变量包括家庭满意度、家庭成员关系的和谐等。

此外，Brummelhuis 和 Bakker（2012）讨论了主要资源和宏观资源对工作-家庭冲突、工作-家庭促进及相关变量之间关系的调节作用，如图2.6所示。他们认为具有主要资源及宏观资源的个体能够感知到较少的工作-家庭冲突，因为主要资源和宏观资源缓解了环境需求和个人资源之间的负向影响。与此同时，具有主要资源和宏观资源的个体之所以能够感知到更高水平的工作-家庭促进，是因为主要资源和宏观资源加强了环境资源与个人资源之间的关系。

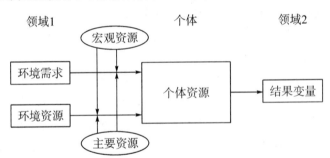

图2.6　工作-家庭资源模型：关键资源和宏观资源的调节作用

Brummelhuis 和 Bakker（2012）最后也讨论了工作-家庭关系的短期及长期影响过程。工作-家庭冲突及促进的短期影响过程反映了工作领域和家庭领域在日常的互动过程即个体在一个领域的不稳定的环境需求及资源，会通过不稳定的个人资源而影响另一个领域的日常的结果变量。工作-家庭冲突及促进的长期影响过程反映了工作领域和家庭领域随时间变化的持久的影响。即稳定的环境需求及资源可以通过稳定的个人资源而影响另一个领域的长期结果变量，如图2.7所示。

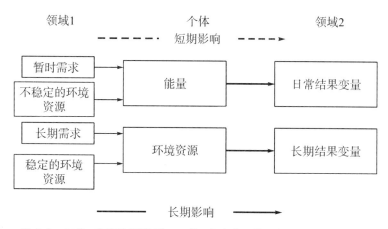

图 2.7　工作-家庭资源模型：工作-家庭关系的短期及长期影响过程

Brummelhuis 和 Bakker（2012）的工作-家庭资源模型以资源保存理论为基础，构建了需求及资源对于工作-家庭关系的影响，该模型不仅讨论了各种环境资源（如工作自主性、社会支持）在工作领域和家庭领域的作用机制，也讨论了个人资源（如心理资源、自尊感、个人特质、个人物理资源等）对于个体工作和家庭关系的影响。因此，Brummelhuis 和 Bakker（2012）的工作-家庭资源模型适合解释本书中工作-家庭正向溢出与前因变量的关系。

2.5.7　理论模型选择依据

以上工作-家庭正向溢出的理论模型各自的侧重点不同，但是结合本书的研究来说，我们选用 Brummelhuis 和 Bakker（2012）提出的工作-家庭资源模型及 Greenhaus 和 Powell（2006）的工作-家庭增益模型来构建本书的研究框架，具体理由如下：

首先，Sieber（1974）初步讨论了参与多种角色的积极影响，认为角色积累可以帮助个体获得特权，提升个体的整体安全感，帮助个体获得自身发展所需要的各种资源以及丰富个体的个性，提升个体的精神健康水平。但是，Sieber（1974）的研究仅限于对角色积累结果的讨论，并没有提出一个因个体参与多种角色而获得益处的完整理论或模型。

其次，虽然 Edwards 和 Rothbard（2000）的研究整合了工作领域和家庭领域的相互作用机制，但是他们并没有区分工作领域和家庭领域之间的相互作用是正向的作用还是负向的作用，即两个领域间的影响既可以是正向的影响（工作-家庭促进），也可以是负向的影响（工作-家庭冲突）。

再次，Wayne 等（2007）的模型强调的是当个体从工作领域获得收益时，他/她整个生活系统（工作和家庭）的功能可能得到改进，与此同时也会影响系统中其他成员（家人或者同事）对于整个系统层面的结果变量（如与所处系统中其他成员之间的关系、系统的整体功能等）的评价。但是 Wayne 等（2007）的研究仅仅讨论了工作向家庭的促进，并且研究涉及的变量多是个体层面的变量，并没有谈及工作-家庭正向溢出对于工作和家庭整个系统功能的作用，所以 Wayne 等（2007）的模型也不适合本书的研究。

然而，工作需求-资源模型（JD-R 模型）仅仅考虑了工作领域的前因变量，在其理论模型中，家庭领域的需求及资源和个人特质等前因变量都没有在其模型中予以考虑。针对本书的研究来说，工作需求-资源模型不能让研究构成完整的研究框架。

最后，Brummelhuis 和 Bakker（2012）的工作-家庭资源模型构建了工作领域和家庭领域的需求及资源对于两个领域的相互影响，同时模型也考虑了个人资源对于工作和家庭两个领域相互正向影响的作用机制，因此适合构建本书的研究中工作-家庭正向溢出与前因变量的研究框架。同时，Greenhaus 和 Powell（2006）的工作-家庭增益模型主要探讨了工作-家庭增益对于角色内绩效及情感的影响，同时也探讨了工作-家庭增益对于跨角色的角色间绩效及情感变量的交叉影响。

综上所述，结合本书的研究框架，我们采用 Brummelhuis 和 Bakker（2012）提出的工作-家庭资源模型来解释工作-家庭正向溢出与前因变量之间的作用机制；同时采用 Greenhaus 和 Powell（2006）的工作-家庭增益模型来解释工作-家庭正向溢出与结果变量之间的作用机制。

3 研究构思与设计

3.1 研究构思

3.1.1 研究构思：研究一

如前所述，研究一的主要目的是利用元分析的方法对工作-家庭正向溢出及相关变量进行全面系统的回顾。因此，在全方位收集相关文献之后，我们对文献进行了梳理，并将所有文献涉及的变量进行归类。

我们根据文献实证研究中的假设模型，将变量分为前因变量及结果变量。首先，在前因变量中，我们以工作领域和家庭领域对前因变量进行划分，发现了一类不能归入工作领域或家庭领域的变量，即个人特质变量，因此，我们将个人特质变量自身归为一类。同时，根据第二部分的工作-家庭正向溢出理论模型综述，我们选用 Brummelhuis 和 Bakker（2012）提出的工作-家庭资源模型作为理论基础，来解释工作-家庭正向溢出与前因变量之间的关系。因此，在工作领域和家庭领域，我们将前因变量细分为工作资源、工作需求、家庭资源及家庭需求。

其次，我们对结果变量进行归类，我们同样以工作领域和家庭领域对结果变量进行划分。我们发现，仍然有一类变量不能被划分在工作领域或家庭领域中，即健康型结果变量。因此，我们将健康型结果变量归为一类。同样根据第二部分的工作-家庭正向溢出理论模型的梳理，我们选用 Greenhaus 和 Powell（2006）的工作-家庭增益模型作为理论基础，来解释工作-家庭正向溢出与结果变量之间的关系。工作-家庭增益模型探讨了两种结果变量：绩效及情绪。绩效属于行为类结果变量，而情绪能够形成态度类结果变量，即态度是基于个体情绪形成的对事物的评价。我们将工作和家庭两个领域内的变量细分为行为类结果变量及态度类结果变量。

在完成所有变量的归类以后，我们对变量进行了筛选，由于元分析方法的特殊性，要求至少有三项以往实证研究检验了同一对变量的关系，才能对这两个变量的关系进行元分析，因此，根据这一原则，我们将所有变量中实证研究数目小于三个的变量剔除。

最后，能够做元分析的前因变量包括工作资源（上级支持、同事支持、组织支持、工作自主性、工作控制、家庭友好型政策）、工作需求（生理需求、心理需求、工作时长、工作负荷）、家庭资源（家庭支持）、家庭需求（家庭责任、照顾老人的责任以及其他的表示个体需要完成的家庭要求）和个人特质前因变量（积极情感、核心自我评价、消极情感、神经质人格）。需要说明的是，一些变量根据两个理论模型框架的内容不能自成一类，但理论模型的完整性又需要将该变量纳入模型当中。例如，在本书的研究中，家庭需求包括家庭责任、照顾老人的责任以及其他表示个体需要完成的家庭要求等变量，这些变量都没有达到元分析所规定的至少有三个以往实证研究样本数据的要求，因此我们将家庭责任、照顾老人的责任以及其他的表示个体需要完成的家庭要求归为一类，统一为家庭需求变量。

工作领域态度型结果变量包括工作满意度、组织承诺、离职倾向、工作投入、工作倦怠。工作领域行为结果变量包括角色内绩效（工作绩效）和角色外绩效（组织公民行为）。家庭领域结果变量包括家庭满意度。家庭领域行为结果变量包括家庭绩效。健康型结果变量包括生活满意度、健康水平（生理健康和心理健康）及压力。

对于调节变量的选择原因，我们在研究一的假设部分予以详细的阐述。研究一的构思框架如图 3.1 所示。

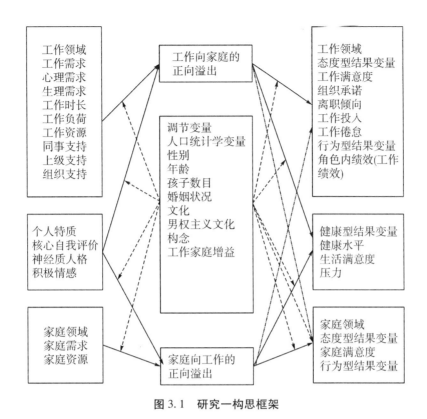

图 3.1　研究一构思框架

3.1.2　研究构思：研究二

　　研究二的目的在于检验工作领域的态度型结果变量和健康型结果变量在工作-家庭正向溢出与行为型结果变量间的中介作用。依据情感事件理论及基本假设，工作向家庭的正向溢出作为一种积极的情感事件，可以通过基于情感形成的态度，影响员工的认知型行为（工作绩效）及情感型行为（组织公民行为）；而另外一些学者认为，工作向家庭的正向溢出也可以通过员工的健康水平影响员工的行为（如绩效、离职、缺勤）等。因此，为了检验研究二的研究目的，关键的步骤是构建用于元分析-结构方程模型分析的相关系数矩阵。因为在研究一中，我们用元分析的方法得到了工作-家庭正向溢出与所有相关变量的"真实"的相关系数，所以在研究二中，我们采用研究一中得到的工作-家庭正向溢出与工作领域的态度型结果变量、行为型结果变量、健康型结果变量的"真实"相关系数构建用于中介作用检验的相关系数矩阵。但是，在相关系数矩阵中，除了工作-家庭正向溢出与结果变量的"真实"相关系数，我们还需要工作领域的态度型结果变量、行为型结果变量、健康型结果变量两两变量间的"真实"相关系数。因此，我们继续分三步来构建完备的相关系数矩阵。第一步，逐一搜索以往相关结果变量的元分析文献，并从元分析研究中编码与本书的研究相关的"真实"相关系数；第二步，利用研究一中已经搜集的文献对样本容量、相关变量的相关系数、信度等进行再一次的编码，并做迷你元分析；第三步，再次搜集以往实证研究文献，重复第二步中的动作，对相关变量进行编码并做迷你元分析。鉴于元分析-结构方程模型对于数据的要求，即要求至少有三项以往实证研究检验了同一对变量的关系，才能对这两个变量的关系进行元分析，因此，我们在研究中剔除了没有办法做迷你元分析的工作领域结果变量。最后选择的中介变量为态度型结果变量（工作投入、工作满意度、组织承诺）和健康型结果变量（生活满意度、健康水平）。研究二的构思框架如图3.2所示。

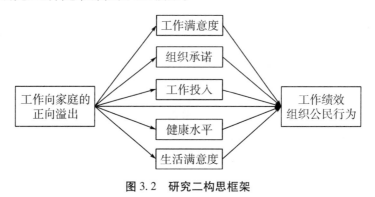

图3.2　研究二构思框架

3.2　研究设计

如前所述，本书总体的研究目的在于：①采用元分析的方法，对工作-家庭正向溢出的相关变量进行全面系统的总结和回顾。②探寻工作-家庭正向溢出对于员工行为的影响机制。因为本书的两个研究目的不同，且每个研究应该采用不同的理论基础、研究方法和研究样本进行验证，所以本书采用两个研究来分别研究两个问题，每个研究采用不同的研究设计。具体论述如下。

3.2.1　研究一：工作-家庭正向溢出与相关因素的元分析

研究一的目的在于利用工作-家庭正向溢出领域的相关实证研究作为样本，采用元分析的方法对工作-家庭正向溢出与前因变量和结果变量的关系进行全面系统的总结，并试图针对以往不一致的研究结论给出统一的答案。因此，研究一的研究设计主要包括以下几个方面：

①全方位地搜集工作-家庭正向溢出领域的外文文献及中文文献，并根据文献选择标准对搜集的所有文献进行筛选。

②根据有效文献中提供的数据及统计参数，对文献进行编码，形成元分析数据集。

③采用元分析的方法对构建的数据集进行分析，得出分析结果。

④对研究结果进行讨论和解释，得出研究结论。

对于详尽的数据搜集过程及文献编码过程，我们将在第4章研究一的"数据处理及分析"部分予以详细介绍。

3.2.2 研究二：工作-家庭正向溢出对员工行为影响的作用机制

研究二的研究目的在于，采用元分析-结构方程模型的方法验证工作-家庭正向溢出对于员工行为的影响机制。因此，研究二需要在研究一元分析结果的基础上构建用于中介效应检验的相关系数矩阵。原因在于研究一的分析结果为我们提供了工作-家庭正向溢出与相关变量的去除误差的"真实"相关系数，但是构建相关系数矩阵还需要除工作-家庭正向溢出以外，其他变量间的两两"真实"相关系数。因此，根据研究一元分析的分析结果，研究二的研究设计如下：

①进行文献的搜集和整理。文献搜集主要可以采用以下三种方法。第一，搜索研究二中变量的以往元分析文献，从以往元分析文献中获取变量间的"真实"相关系数。第二，通过研究一中已经构建的文献数据库进行收集，针对研究二中中介检验的相关变量收集文献。第三，与研究一的收集途径方法一致，在常用的国内及国外数据库收集文献，收集的文献包括相关变量的元分析论文及相关变量的实证研究论文。

②根据收集的文献进行编码并进行迷你元分析，得到各个变量间两两变量的"真实"相关系数。

③根据研究一和研究二中所有"真实"相关系数构建完备的相关系数矩阵。

④用结构方程模型的方法，利用构建的"真实"相关系数矩阵进行分析，得出研究结果。

⑤对研究结果进行讨论和总结，得出研究结论。

对于研究二中详尽的数据搜集过程、文献编码过程及相关系数矩阵构建的过程，我们将在第5章研究二的研究方法部分予以详细的介绍。

3.3　研究技术路线

根据本书的研究目的，本书的技术路线如图 3.3 所示。

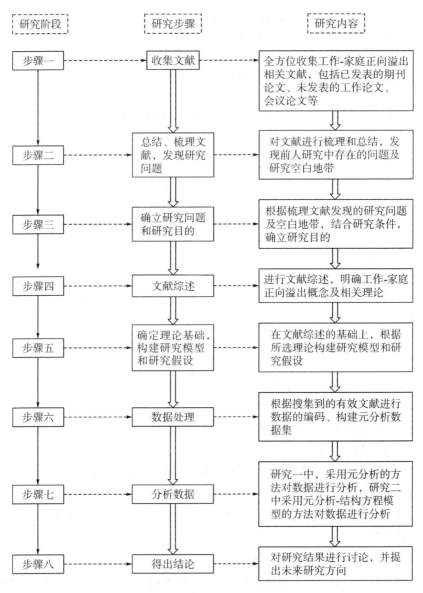

图 3.3　本书的技术路线

4 工作-家庭正向溢出与相关变量元分析

4.1 研究目的

研究一的主要目的在于，基于工作-家庭正向溢出以往实证研究，采用元分析的方法，利用以往研究的数据及统计参数构建元分析数据集。本章首先检验工作-家庭正向溢出与工作-家庭负向溢出的区别与联系；其次，对工作-家庭正向溢出及前因变量和结果变量进行全面、系统的定量分析，力图在排除测量误差及样本误差的基础上，对工作-家庭正向溢出与相关变量的关系进行系统的总结，并为以往不一致的研究提供统一的研究结论；同时检验工作-家庭正向溢出与结果变量间的直接影响效应和交叉影响效应；最后，检验不同层面的调节因素，如个体层面的人口统计学变量（性别、年龄、孩子数目及婚姻状况），国家层面的国家文化，以及方法层面的工作-家庭正向溢出构念的不同测量，对于工作-家庭正向溢出与前因变量及结果变量之间的调节效应，力求为以往研究的异质性提供合理的解释。

4.2 研究理论基础

根据研究一的研究目的和文献综述部分对工作-家庭正向溢出多种模型的论述及筛选，首先我们选用 Brummelhuis 和 Bakker（2012）提出的工作-家庭资源模型来构建工作-家庭正向溢出与前因变量之间的关系的假设。其次，我们选用 Greenhaus 和 Powell（2006）的工作-家庭增益理论模型来构建工作-家庭正向溢出与结果变量之间关系的假设，同时考虑工作-家庭正向溢出对健康型结果变量的影响。最后，我们根据 Greenhaus 和 Powell（2006）的工作-家庭增益理论模型，构建工作-家庭正向溢出与结果变量的直接影响效应及交叉影响效应，并对直接影响效应和交叉影响效应的强弱进行比较。

4.3 研究一假设

4.3.1 工作-家庭负向溢出与工作-家庭正向溢出之间的关系

研究表明，工作-家庭负向溢出和工作-家庭正向溢出不是完全独立的两个构念，它们通常是相伴相生的（Kirchmeyer，1993；Grzywacz & Marks，2000a，2000b；Vioydaoff，2004a，2004b）。一些学者认为，更高的工作-家庭正向溢出预示着更低水平的工作-家庭冲突，也就是说，工作-家庭正向溢出与工作-家庭负向溢出是一个概念的两个极端（Carlson，Kacmar，Wayne & Grzywacz，2006），并没有很高的区分效度。然而，基于前人的研究，我们认为工作-家庭正向溢出与工作-家庭负向溢出的区分度是很高的、两个完全不同的概念，理由主要有以下三个方面。第一，在理论基础方面，工作-家庭正向溢出主要基于角色积累观点，强调个体的资源可以通过参与不同的角色而增加（Sieber，1974）；工作-家庭负向溢出，即工作-家庭冲突主要基于角色冲突观点，认为个体所拥有的资源是有限的，参与一种角色（如工作）会消耗另一种角色（如家庭）所拥有的资源（Jin et al.，2013）。基于这两种不同的观点，工作-家庭负向溢出被定义为由于个体有限的资源（如时间、精力等）而感知到的工作角色与家庭角色之间的不兼容程度（Frone，Russell & Cooper，1992；Greenhaus & Beutell，1985）。工作-家庭正向溢出被定义为个体可以通过参与工作及家庭角色获得资源及福利，从而使得个体能够更有效地完成每一个角色赋予的责任（Greenhaus & Powell，2006）。第二，从作用机制来源出发，工作-家庭负向溢出的压力源自工作和家庭领域（Frone，Yardley & Markel，1997；Michel，Kotrba，Mitchelson，Clark & Baltes，2011a），而工作-家庭正向溢出的产生主要是基于不同的环境资源（Carlson et al.，2006；Wayne，Musisca & Fleeson，2004a）。这些资源不仅涉及工作领域和家庭领域，也涉及除工作领域和家庭领域以外的领域，如社区、政府政策等。第三，已有部分实证研究证明了工作-家庭正向溢出与工作-家庭负向溢出的区分效度，Vieira、Lopez 和 Matos（2014）以及 Carlson 等（2006）的研究都发现工作-家庭正向溢出与工作-家庭负向溢出是两个相互区分的概念。据此，我们提出假设：

假设 1a：工作向家庭的正向溢出与工作向家庭的负向溢出是两个相关但相互区分的概念。

假设 1b：家庭向工作的正向溢出与家庭向工作的负向溢出是两个相关但相互区分的概念。

4.3.2 前因变量与工作-家庭正向溢出的直接影响效应

4.3.2.1 工作领域前因变量

4.3.2.1.1 工作需求

基于工作家庭-资源模型，我们认为高水平的工作需求会消耗个体的资源，并与工作向家庭的正向溢出负相关（Isabel Sanz-Vergel et al., 2010）。也就是说，工作需求会消耗个体有限的资源（如时间、精力等），造成个体的疲劳和倦怠（Carlson et al., 2011d）。已有实证研究表明，工作需求（包括心理需求及生理需求）都与工作向家庭正向溢出负相关（Butler, Grzywacz, Bass & Linney, 2005）。工作心理需求包括工作角色冲突（Boyar, Maertz, Mosley & Carr, 2008）、工作压力（Goodman & Crouter, 2009）等。研究者认为工作心理需求会消耗员工拥有的资源（Carlson et al., 2011），降低员工感知的工作向家庭正向溢出。而工作生理需求［包括出差（Hill et al. 2004）、加班（Lingard, Francis & Turner, 2012）］，会减少员工参与家庭事务及与家人相处的时间，降低员工平衡工作和家庭的能力，进而使员工感知到低水平的工作向家庭的正向溢出。

工作负荷以及工作时长是工作需求的另外两种表现形式，且在工作家庭领域的研究中得到了广泛的关注（Demerouti, Bakker & Schaufeli, 2005）。Isabel Sanz-Vergel 等（2010）的研究发现被赋予压力的工作条件（工作负荷或工作时长）会使员工感知到低水平的工作向家庭的正向溢出。

Caplan、Cobb、French Jr、Harrison 和 Pinneau Jr（1975）将工作负荷定义为"个体感知到有很多的事情需要处理，但却没有足够的时间和精力完成每一件事情"。工作角色负荷作为个体工作角色的负面感知，影响着人们整合工作角色和家庭角色的能力（Aryee et al., 2005）。Hill 等（2003），Brockwood、Hammer 和 Neal（2003），Guest（2001）以及 Grzywacz 和 Marks（2000）的研究结论也部分支持了这一观点。Hill 等利用 IBM 2001 年的全球工作和生活问题调查的数据，检验了工作责任、工作负荷、出差与工作向家庭的正向溢出之间的关系。Hill 发现，工作负荷和出差与工作向家庭的正向溢出显著负相关。

工作时长作为一种时间型压力，是员工工作压力的主要来源之一，个体的时间有限，较长的工作时长会占据个体处理其他家庭及生活事务的时间，从而阻止员工感知到工作向家庭的正向溢出（Milkie & Peltola，1999）。以往多项研究表明，工作时长与工作向家庭的正向溢出有显著的关联性，例如 Grzywacz（2000）、Grzywacz 和 Bulter（2003）的研究都探讨了工作时长与工作向家庭的正向溢出的关系，认为工作时长与工作向家庭的正向溢出显著负相关，Wayne、Musisca 和 Flesson（2004）的研究指出工作时长与家庭向工作的正向溢出显著相关。Wayne、Randel 和 Stevens（2003）的研究也得出了类似的结论，此研究检验了组织时间型压力与工作向家庭的正向溢出的影响，研究发现组织时间型压力显著地负向预测了工作向家庭的正向溢出。

基于以上论述，我们提出假设：

假设 2a：工作需求与工作向家庭的正向溢出负相关。工作需求包括工作压力（生理需求、心理需求）及工作条件（工作负荷、工作时长）。

4.3.2.1.2　工作资源

已有研究表明，工作资源，包括工作支持、家庭友好型政策、工作弹性能够帮助个体应对压力，完成工作目标（Carlson et al.，2011a）。

工作支持。根据工作家庭-资源模型，工作场所中不同来源的工作支持包括同事支持、上级支持及组织支持，对于员工来说是应对工作需求的重要资源。首先，Lu、Siu、Spector 和 Shi（2009）的研究发现，来自同事的支持，无论是情感型支持，还是工具性支持都能够有效地促使员工更好地应对工作家庭需求，从而帮助员工感知到高水平的工作向家庭的正向溢出。其次，上级支持能够帮助员工更好地整合工作及家庭需求，提高工作和生活质量（Grzywacz & Marks，2000）。例如，来自上级的支持可以激发员工的工作动力，提高工作效率（Bhanthumnavian，2000），增强员工在工作场所的效能（Lingard，Francis & Turner，2012），使得员工有更多的时间和精力来平衡工作与家庭之间的关系。Grzywacz 和 Marks（2000）的研究检验了工作需求、工作资源对工作、对家庭的正向溢出及家庭对工作的正向溢出的影响，虽然此研究没有发现工作需求与正向溢出有显著的预测关系，但是此研究发现与工作相关的支持对工作向家庭的正向溢出有显著的预测，即来自上级和同事的决策自主权和支持越多，员工感知到的工作向家庭的正向溢出就越强。再次，来自组织的支持不仅可以使员工产生报答组织的行为，表现出更多的工作场所积极行为，更能够使员工保持积极的心理状态，从工作中获得更多的资源和福利来帮助员工解决家庭需求，提高员工感知到的工作向家庭的正向溢出（McNall，Masuda，Shanock & Nicklin，2011）。Odle-Dsseau、Britt 和 Greene-Shortridge（2012）检验了工作-

家庭资源与工作-家庭正向溢出之间的关系，研究认为员工感知到的家庭支持型上司行为，以及家庭支持型组织感知可以显著地正向预测工作向家庭的正向溢出及家庭对工作的正向溢出。

家庭友好型政策作为一种人力资源管理实践，可以作为员工在工作场所获得的另一种有效资源以帮助员工应对工作角色及家庭角色之间的资源，进而帮助员工感知到更高水平的工作向家庭的正向溢出（Baral & Bhargava，2010），使得员工在家庭角色中有更好的表现（Wayne，Randel & Stevens，2006）。Siu 等（2010）在其研究中指出，家庭友好型政策可以帮助员工更好地处理工作及家庭中的日程安排，为员工的生活带来很多益处（Grzywacz & Butler，2005）。Guest（2001）利用英国 CIPD 调查研究，验证了家庭支持性组织氛围，例如参与性工作环境与工作-家庭平衡之间的关系。研究样本包括 1 000 名员工，研究问题包括"你是否感受到工作与工作以外的生活是平衡的？"Guest 的研究发现，家庭友好型工作环境会显著地预测工作向家庭的正向溢出。

工作弹性，包括工作控制及工作自主性是员工可以从工作场所中获得的另一种资源。Bond、Thompson、Galinsky 和 Prottas（2003）的研究表明如果员工在完成工作时，能够更加灵活、更加自主地控制工作时间和工作场所，那么员工会表现出更为积极的行为及态度结果。例如，Butler 等（2005）的研究发现了工作控制与工作向家庭的正向溢出之间的正向相关关系。Thompson 和 Prottas（2005）的研究发现工作自主性与工作-家庭正向溢出正相关，Clark（2000）对来自美国的员工样本进行研究发现，工作自主性会为员工带来更好的工作-家庭平衡。此外，Voydanoff（2004b）利用 1995 年美国中年群体发展全国调查数据，验证了工作自主性与工作向家庭的正向溢出显著正相关，此研究强调工作中的自主权可以促使员工获得心理奖励，如荣誉和尊重等，满足个体的自我实现需求，进而通过工作向家庭的正向溢出而影响家庭领域。因此，我们假设：

假设 2b：工作资源与工作向家庭的正向溢出正向相关，这些工作资源包括①工作支持（同事支持、上级支持、组织支持）；②家庭友好型政策；③工作弹性（工作控制、工作自主性）。

4.3.2.2 家庭领域前因变量

4.3.2.2.1 家庭需求

家庭需求涉及照顾幼儿需求、照顾老人需求，以及一般意义的家庭角色负荷等，家庭需求能够降低员工平衡工作角色和家庭角色的能力，已有研究证实了家庭需求与家庭向工作的正向溢出之间的负向关系。例如，Aryee 等（2005）

的研究发现超负荷的父母角色会负向影响工作和家庭之间的平衡。Wayne、Randel 和 Stevens（2003）检验了若干家庭特征（包括家中孩子数据、在家务上花费的时间以及照顾小孩的时间）与家庭向工作的正向溢出之间的关系。结果显示，在家务上花费的时间以及照顾小孩的时间与家庭向工作的正向溢出负相关，而家中孩子数目与家庭向工作的正向溢出之间没有显著的相关关系。Hill、Hawkins、Martinson 和 Ferris（2003）的研究部分支持了照顾小孩的责任与家庭向工作的正向溢出之间的关系。基于全球 48 个国家的 IBM 2001 全球工作生活问题调查的结果，Hill 等发现对于男性来说，照顾小孩的责任与家庭向工作的正向溢出不相关，而对于女性来说，照顾小孩的责任与家庭向工作的正向溢出的关系却是负向的。而 Grzywaczy 和 Marks（2000）的研究却没有发现家庭需求与家庭向工作的正向溢出相关的任何证据。

虽然以往研究呈现出不一致的研究结论，但家庭需求所导致的倦怠等负面结果可能会从一个角色溢出到另一个角色，进而阻止员工从参与多种角色（工作角色与家庭角色）并获益，即降低员工感知到的家庭向工作的正向溢出，据此我们假设：

假设 3a：家庭需求与家庭向工作的正向溢出负相关。

4.3.2.2.2　家庭资源

根据 Brummelhuis 和 Bakker（2012）提出的工作-家庭资源模型，来自家庭领域的资源在很大程度上影响着员工工作角色和家庭角色之间的正向溢出。家庭资源包括来自配偶和父母的情感支持以及工具型支持，这些资源可以帮助员工有效地完成家庭角色赋予的任务及责任（King, Mattimore, King & Adams, 1995），进而更有效地应对工作压力（Fu & Shaffer, 2001）。Wayne、Randel 和 Stevens（2003）的研究表明情感型支持与工具型支持都与家庭向工作的正向溢出有正向的关系，且情感型支持更能显著地预测家庭向工作的正向溢出。此外，有了家庭支持，员工在日常生活中能够更加有动力，更加自信，从而能够更好地扮演工作角色及家庭角色，感知到高水平的家庭向工作的正向溢出（Wayne et al., 2006）。实证研究为家庭需求与家庭向工作的正向溢出之间的正相关关系提供了有力的证据。例如，Wayne 等（2003）的研究发现家庭支持，无论是工具型支持还是情感型支持都能够正向影响家庭向工作的正向溢出。与 Wayne 等的研究一致，Grzywacz 和 Marks（2000）的研究也发现与家庭领域相关的资源，如配偶支持或家庭支持，与家庭向工作的正向溢出正相关。Nicklin 和 McNall（2013）的研究结论也部分支持了上述研究结论，研究发现感知到更高水平的上级支持的员工会报告更高水平的工作对家庭的正向溢出，而感知到高水平的家庭支持的员工会报告更高水平的家庭向工作的正向溢出。

据此我们提出假设：

假设 3b：家庭资源与家庭向工作的正向溢出正相关。

4.3.2.3　个人特质型前因变量

根据 Brummelhuis 和 Bakker（2012）提出的工作-家庭资源模型，个人资源（如个人特质）可以帮助个体整合工作领域和家庭领域的需求，促进工作领域和家庭领域的融合。也有一些研究检验了个体特质差异与工作家庭促进之间的关系。例如 Wayne、Musisca 和 Fleeson（2003）检验了五大人格与工作-家庭正向溢出之间的关系，研究发现外向型人格与更高的工作-家庭正向溢出相关；神经质人格与工作-家庭正向溢出负向相关；开放型人格、尽责型人格与和蔼型人格都与更高水平的工作-家庭正向溢出水平相关。

Sumer 和 Knight（2001）基于依附类型的不同检验了工作-家庭正向溢出与个体特质差异之间的关系。他们将个体特质差异分为四种类型：安全、解散、恐惧、全神贯注，研究发现安全依附型个体感知到更高水平的工作-家庭正向溢出。Wayne、Randal 和 Stevens（2003）检验了个体应对策略（事先计划、寻找帮助、目标设定和积极思考）与工作-家庭正向溢出之间的关系。结果表明，四种应对策略都与家庭向工作的正向溢出显著相关，但是只有事先计划型和寻求帮助型应对策略与工作向家庭的正向溢出显著相关。Kirschmeyer（1992）检验了应对策略与非工作角色（父母、社区及娱乐）对于工作角色的关系的影响，结果显示，应对策略更与非工作角色对工作角色的正向溢出相关。

在本书的研究中，个人特质主要关注正向人格特质及负向人格特质，四种类型的人格特质被广泛的实证研究证实能够影响工作-家庭正向溢出，这四种人格特质包括积极情感（positive affectivity）、核心自我评价（core self-evaluation）、消极情感（negative affectivity）及神经质人格（neuroticism）（Bruck & Allen，2003；Michel et al.，2011a）。已有研究表明，无论是正向的人格特质还是负向的人格特质都与工作-家庭正向溢出有着显著的相关关系。以下我们将详细论述正向个人特质及负向个人特质对于工作-家庭正向溢出的影响。

消极情感描述的是个体在一定的时间及环境中所感知到的不适感（Watson & Clark，1984）。消极情感得分较高的个体倾向于关注工作家庭生活的负面事件，使得个体更容易感受到气愤、恐惧及孤独感（Karatepe & Bekteshi，2008）。这种消极情感阻止员工感知到工作角色与家庭角色的正向的互动。不同于积极人格的个体，神经质人格倾向于关注负面情绪，他们把更多的时间花费在担忧日常事件上，从而花费更少的时间及精力来处理工作及家庭事务，因此较少感知到工作-家庭正向溢出（Wayne et al., 2004a）。因此，我们假设：

假设4a：消极情感及神经质人格与工作-家庭正向溢出负相关。

相反地，积极情感会增加员工感知到的工作-家庭正向溢出。积极情感在工作角色与家庭角色之间的积极互动中扮演着重要的作用（Daniel & Sonnentag, 2014; Eby, Maher & Butts, 2010）。根据溢出理论（spillover theory），个体从工作或家庭领域获得的积极情感会溢出到家庭或工作领域（Daniel & Sonnentag, 2014），进而提高员工感知到的工作-家庭正向溢出。此外，Judge等（2005）将核心自我评价定义为"人们对于自己的价值、竞争力及能力的基本评价"。自我评价得分较高的个体倾向于从更积极的角度看待工作及家庭中发生的事件，采取更积极的态度来完成角色赋予的责任（Judge et al., 2005），他们倾向于最大化地利用各种资源来解决工作及家庭生活中的难题。因此，核心自我评价较高的人能够感知到更高水平的工作-家庭正向溢出，据此我们提出假设：

假设4b：积极情感及核心自我评价与工作-家庭正向溢出正相关。

4.3.3 工作-家庭正向溢出与结果变量的直接影响效应

虽然已有研究对工作-家庭正向溢出和结果变量的关系进行了检验，但是迄今为止只有McNall等（2010）对工作-家庭正向溢出的结果变量进行了元分析，且其主要关注态度型的结果变量，其中包括三项工作领域的结果变量，两项家庭领域的结果变量以及两项个体健康相关的结果变量，但McNall等（2010）的研究并没有涉及行为型结果变量，如绩效、组织公民行为等。因此，本书在McNall等（2010）研究的基础上，对工作-家庭正向溢出的结果变量进行了更为全面和系统的元分析。具体来说，本书对12种结果变量进行元分析，为了得到更加清晰的研究结论，我们在把结果变量划分为工作领域结果变量、家庭领域结果变量、健康型结果变量的同时，在每个领域将结果变量分为态度型结果变量及行为型结果变量。本书采用Greenhaus和Powell（2006）的工作-家庭增益模型为理论基础构建工作-家庭正向溢出与结果变量之间关系的研究假设。我们在下文中将具体论述工作-家庭正向溢出对每一种结果变量的影响。

4.3.3.1 工作领域结果变量

4.3.3.1.1 态度型结果变量

研究表明工作向家庭的正向溢出可以引起多种态度型结果变量，如工作满意度、组织承诺以及离职倾向等（McNall et al.，2010；Tang，Siu & Cheung，2014）。Greenhaus 和 Powell（2006）的工作-家庭增益模型常常被学者们用来解释工作-家庭正向溢出与工作领域的态度型结果变量之间的关系（Carlson et al.，2011a；Mignonac & Herrbach，2004；Spector & Fox，2002；Zhao，Wayne，Glibkowski & Bravo，2007）。如前所述，根据工作-家庭增益模型，角色 A 中产生的两种资源可以通过两种方式来影响角色 A 的积极情绪。首先，上述提到的一些资源可以直接对角色 A 的积极情绪产生影响。例如，一个角色中产生的心理资源（如自尊、乐观、希望）可以促使个体产生积极的心情、积极的情绪以及对该角色更高的满意度（Isen & Baron，1991）。此外，在工作中社会资源（工作弹性或工作场所支持）的积累也与个体对事业的满意度正向相关（Seibert，Kraimer & Liden，2001）。从工作中获得的财务奖励也与员工对工作的满意度正向相关（Judge，Cable，Boudreau & Bretz，1995）。因此，工作向家庭的正向溢出可以使个体产生积极的态度，如工作满意度、组织承诺等。具体来说，当个体经历工作向家庭的正向溢出时，个体会对工作产生积极的态度，而对工作或家庭的积极态度可以帮助个体获得更多的资源来应对压力性的环境，从而在工作领域表现出更多的积极态度（Cohn，Fredrickson，Brown，Mikels & Conway，2009），因此，高水平的工作向家庭的正向溢出可以促使员工产生高水平的工作满意度及高水平的组织承诺（Brough，O'Driscoll & Kalliath，2005；Hunter，Perry，Carlson & Smith，2010）。同理，工作向家庭的正向溢出也可以降低员工的离职倾向（Balmforth & Gardner，2006）。由工作向家庭的正向溢出产生的积极情绪可以帮助个体产生或获得更多的资源，进而使个体对组织产生更多的依附感，降低离职意愿（McNall，Masuda & Nicklin，2009）。已有实证研究表明，工作向家庭的正向溢出与员工的离职呈负向相关关系（Aryee et al.，2005；Balmforth & Gardner，2006）。

Wayne 等强调，个体会评估工作为其提供支持、地位及帮助其做好家庭角色的程度，如果个体认为工作能够为自己及家人提供资源，个体会对其工作及隶属组织产生正面的态度。许多学者验证了工作向家庭的正向溢出与工作领域结果变量的关系。例如 Wayne、Randal 和 Stevens（2003）检验了工作向家庭的正向溢出与工作满意度、组织承诺（情感承诺、持续承诺和规范承诺）以及离职意向之间的关系（Boyar & MoslcyJr，2007；Hunter，Peny，Carlson & Smith，2010；McNall，Nicklin & Masuda，2010；Michel & Clark，2009；Wayne，Randel & Stevens，2006）。他们的研究发现工作向家庭的正向溢出能够显著地正向预测工作满意度、持续型组织承诺及规范型组织承诺，且能够显著地负向预测离职意向，但是不能预测情感型组织承诺。然而家庭对工作的正向溢出被证明不与任何一个结果变量相关。其他一些学者的研究也支持了上述结论。例如，Wayne、Musisca 和 Fleeson（2003）检验了工作向家庭的正向溢出、工作努力程度与工作满意度的关系，他们的研究结论是家庭向工作的正向溢出与工作努力程度正向相关，但是与工作满意度却没有显著的相关关系。然而工作向家庭的正向溢出与工作努力程度和工作满意度的关系不显著。Fisher-McAuley 等（2003）用两个研究验证了工作向家庭的正向溢出与组织结果变量（如工作倦怠、工作满意度和离职意向）之间的关系。在第一个研究中，样本由 603 名健身教练组成，研究发现工作向家庭的正向溢出与工作倦怠显著负相关，与工作满意度显著的正相关。工作向家庭的正向溢出与离职意向之间的关系不显著。在第二个研究中，样本采用了 545 名来自不同组织的管理者，研究发现工作向家庭的正向溢出与工作倦怠感显著负相关，与工作满意度正相关，工作向家庭的正向溢出与离职意向没有显著的相关关系。此研究支持了前人的论述，即正向溢出作为一种资源，能够帮助员工处理来自职业上的压力，而这种压力会让员工紧张，影响员工的工作满意度。

据此我们提出假设：

假设 5a：工作向家庭的正向溢出与工作满意度及组织承诺正相关，与离职意愿负相关。

根据资源生成观点（resource generation view），工作向家庭的正向溢出影响员工的态度型变量，即工作投入与工作倦怠，这两个变量反映了个体对工作的心理状态。工作投入被定义为"一种积极的、在工作上充满抱负的精神状态，以充满活力、富于奉献精神、专注为特点"（Bakker, Schaufeli, Leiter & Taris, 2008；Schaufeli, Salanova, Gonzalez-Roma & Bakker, 2002）。其中，活力指的是员工倾向于在工作中倾注较多的努力、时间、耐心及精力以更好地完成工作；奉献反映了员工对于工作的自豪感、灵感及对工作的热情；而专注则反映了员工对工作的投入程度，专注度高的个体通常会觉得当专注于工作时，时间会过得很快（Culbertson, Mills & Fullagar, 2012）。根据 Greenhaus 和 Powell 的工作-家庭增益模型，工作投入作为一种心理资源，反映了个体在工作场所获取资源的一种状态，个体由于工作向家庭的正向溢出而获得更多的资源使得员工可以将更多的精力投入到工作中去。

相反，工作倦怠指的是员工表现出由于疲惫、低工作效率以及对工作表现出悲观等一系列综合症状的表现（Maslach, Schaufeli & Leiter, 2001）。已有研究表明，工作倦怠与工作向家庭的正向溢出负相关（Karatepe, 2010）。根据资源保存理论，Innstrand、Langballe、Espnes、Falkum 和 Aasland（2008）认为，个体倾向于获取并保护现有过剩的资源，目的是防止将来资源的流失。资源保存理论将工作向家庭的正向溢出视为一种资源的获取，而将工作倦怠视为一种资源的流失，因此工作向家庭的正向溢出（资源的获取）可以防止工作倦怠（资源的流失）的产生。因此，工作向家庭的正向溢出能够负向预测个体感知的工作倦怠。据此，我们提出假设：

假设5b：工作向家庭的正向溢出与工作投入正相关，与工作倦怠负相关。

4.3.3.1.2　行为型结果变量

根据 Greenhaus 和 Powell（2006）的工作-家庭增益模型，我们推断，工作-家庭正向溢出不但可以预测角色内行为，也可以预测角色外行为（Graves，Ohlott & Ruderman，2007；Witt & Carlson，2006）。对于行为内绩效来说，工作向家庭的正向溢出可以提高个体的信息处理能力，提高决策质量，从而提高角色内的行为绩效（Forgas & George，2001；Madjar，Oldham & Pratt，2002；Rothbard，2001）。当个体感知到工作向家庭的正向溢出时，个体更可能有好的心情（Greenhaus & Powell，2006）以及在工作中有积极的心理状态，能够激发个体努力工作的动力，实现其角色内高绩效水平。

除了角色内绩效，感知到工作向家庭的正向溢出的个体能够获得更多的资源，表现出角色外绩效，如组织公民行为。组织公民行为是指"不是由组织的正式奖励系统所定义的、可以帮助组织有效运作的、可自由支配的个人行为"（Organ，1988），如利他行为、较强的责任心等（Smith，Organ & Near，1983）。根据社会交换理论，当个体经历由于组织干预而引起的工作向家庭的正向溢出时，个体会表现出更高的满意度，并倾向于回馈组织与组织公民行为（Balmforth & Gardner，2006）。根据以上论述，我们提出研究假设：

假设5c：工作向家庭的正向溢出能够正向预测积极的组织行为，包括①角色内绩效；②组织公民行为。

4.3.3.2　家庭领域结果变量

4.3.3.2.1　态度型结果变量

对于家庭领域的态度型结果变量来说，学者们研究得最多的当属家庭满意度（Boyar & Mosley，2007；Carlson et al.，2006）。同样地，根据 Greenhaus 和 Powell（2006）的工作-家庭增益模型，当个体经历家庭向工作的正向溢出这样的积极情感事件时，个体更可能在家庭中也有积极的心情和情绪，从而更可能对家庭角色做出积极的评估，即较高的家庭满意度（Carlson，Zivnuska，Kacmar，Ferguson & Whitten，2011b）。学者们认为，家庭向工作的正向溢出能够产生高水平的家庭满意度，员工的技能、经验等积极行为可以"传递"到家庭领域，帮助员工与家庭成员之间减少冲突（Haar & Bardoel，2008）。已有研究为家庭向工作的正向溢出与家庭满意度之间的正向关系提供了强有力的证据，例如，Boyar 和 Mosley（2007）使用来自美国南部的 129 名员工作为样本，研究发现家庭向工作的正向溢出能够正向预测家庭满意度。除此之外，Hanson 和 Hammer（2006）的研究也检验了家庭向工作的正向溢出与家庭满意度之间的关系，并发现了类似的结果。据此，我们假设：

假设 6a：家庭向工作的正向溢出与家庭满意度正相关。

4.3.3.2.2　行为型结果变量

近年来，家庭向工作的正向溢出与家庭绩效的关系逐渐得到了学者们的关注（Carlson, Grzywacz & Zivnuska, 2009）。家庭绩效定义为"个体完成家庭责任的程度"（Carlson, Grzywacz & Kacmar, 2010）。基于 Greenhaus 和 Powell（2006）的工作-家庭增益模型，学者们认为家庭向工作的正向溢出，可以通过积极的情绪影响员工的家庭绩效（George & Brief, 1996）。具体来说，积极情绪可以激励员工向着更高的绩效目标前进，并促使个体付出更多的努力（Forgas & George, 2001）。一些学者认为，家庭向工作的正向溢出可以通过其他的机制来影响家庭绩效，例如，可以通过更准确的信息获取过程、更好的创造力、更优异的决策过程以及更有效的行为选择等来影响家庭绩效（Carlson et al., 2011a）。据此，我们假设：

假设 6b：家庭向工作的正向溢出与家庭绩效正相关。

4.3.3.3　健康型结果变量

由于工作和家庭是个人生活的两个主要领域，因此，工作与家庭之间的良好互动是预测个人健康的重要前因变量（Lim, Song & Choi, 2012）。已有研究证明工作-家庭正向溢出可以提高员工的生活满意度（Karatepe & Bekteshi, 2008；Lim et al., 2012；Lu et al., 2009），维持整体生理及心理健康水平（Carlson et al., 2011d；Jones et al., 2008），并帮助员工应对压力（Carlson, Hunter, Ferguson & Whitten, 2014；Janzen & Kelly, 2012）。

首先，对于生活满意度，工作-家庭正向溢出可以使个体从工作领域或家庭领域获得益处，从而提高员工的生活满意度。Cohn 等（2009）的研究发现，由工作-家庭正向溢出产生的积极情绪可以帮助个体提高自我复原能力，进而增强个体的生活满意度。Sumer 和 Knight（2001）的研究认为无论是工作对家庭的正向溢出还是家庭对工作的正向溢出都对整体生活满意度有正向的预测。例如，Hason、Colton 和 Hammer（2003）以美国一个较大的物流中心的员工为样本，发现工作-家庭正向溢出能够正向地预测其与生活满意度之间的关系。其中，工作-家庭正向溢出包括四个维度：工作向家庭的情感性溢出，家庭向工作的工具性溢出，工作向家庭的工具性溢出，家庭向工作的工具性溢出。此研究发现，工作向家庭的工具性溢出对生活满意度有显著的正向影响。

其次，针对健康水平，已有研究证实了工作-家庭正向溢出可以提高员工的生理健康水平（Van Steenbergen & Ellemers，2009）及心理健康水平（Gareis，Barnett，Ertel & Berkman，2009）。由工作-家庭正向溢出产生的资源、动力、精力及积极情绪可以促使个体更好地履行他们的工作角色及家庭角色，因此个体能够获得较高的健康水平（Dyson-Washington，2006；Stoddard & Madsen，2007）。Barnett 与其同事使用一系列的研究验证了工作-家庭正向溢出与心理及生理健康之间的关系。例如在 Barnett 和 Marshall（1992）的研究中，研究者采用了 409 名女性护士及社会工作者作为研究样本，他们研究了角色奖励、角色关注、整体角色质量与工作-家庭冲突及工作-家庭正向溢出之间的关系。他们的研究发现工作-家庭冲突与结果变量之间没有显著的关系，但是工作-家庭正向溢出却能够帮助女性减轻家庭需求的压力，进而帮助女性保持健康的精神状态。Barnett（1994）的研究结论指出对于双职工家庭的夫妻双方来说，工作和家庭几乎是一个整体，在工作（家庭）领域经历的事物会影响到家庭领域（工作）的角色感知，进而提高个体的健康水平。类似的研究也验证了工作-家庭正向溢出与心理及生理健康的影响，例如，Grzywacz 及他的同事根据美国的中年群体发展调查数据，发现工作-家庭正向溢出可以显著地提高员工的心理健康水平，减少酗酒次数，提高员工的幸福感（Grzywacz & Bass，2003；Grzywacz & Marks，2000a）。Grzywacz 和 Bass（2003）的研究检验了工作-家庭正向溢出与多种健康及幸福感结果变量之间的关系，研究发现家庭向工作的正向溢出可以显著地降低员工的抑郁水平。Tiedje 等（1990）的研究也得出了类似的结论，他们以女性群体为研究样本，发现心理抑郁与角色冲突及促进都有显著的关系，感知到低水平的冲突和高水平促进的女性比其他女性较少感知到抑郁。

而对于压力来讲，工作-家庭正向溢出可以激发员工的外向型思维及行为，使得员工能够有意识地拓展他们的社会网络关系，并从中获得更多的资源和技能（Carlson et al.，2011a），而这样的资源和技能可以帮助个体更为有效地减少感知到的压力。

据此，我们提出研究假设：

假设 7：工作向家庭正向溢出及家庭向工作的正向溢出与健康水平正相

关，与生活满意度正相关，与感知到的压力负相关。

4.3.4 工作-家庭的领域间交叉影响效应

如前所述，工作-家庭正向溢出与工作领域及家庭领域结果变量之间的影响包括领域内的直接影响及领域间的交叉影响。如前所述，在假设5和假设6的论证中，我们探讨了工作-家庭正向溢出与领域内的结果变量之间的直接影响，但不能忽略的是，工作领域与家庭领域间的交叉影响也值得我们进行深入的探讨，并且对于直接影响及交叉影响的强弱比较，目前理论界还没有明确统一的答案。因此，本书的研究也将对领域间交叉影响以及两者的比较进行深入的探讨。

Greenhaus 和 Powell（2006）的理论模型为解释工作家庭领域间的交叉影响作用机制提供了理论参考。根据 Greenhaus 和 Powell 提出的情感路径，工作领域获得的资源（如工作支持、经验、技能）可以通过情感路径（affective path）改善个体家庭领域的态度和行为，并且因资源增加产生的正向情感可以溢出到家庭领域，从而提高家庭角色的满意度和绩效；反之，家庭领域获得的资源（如家庭支持、经验、技能）也同样能够通过情感路径提高工作的积极性及绩效（Carlson et al., 2011a）。研究表明，无论是男性还是女性，工作向家庭的正向溢出都对家庭生活有正向的影响。工作向家庭的正向溢出可以正向预测家庭满意度（Hunter, Perry, Carlson & Smith, 2010；McNall et al., 2010；Nicklin & McNall, 2013）。例如 Tiedie 等（1990）的研究支持了上述论述，Tiedie 与其同事以需要照顾幼儿的女性为样本进行研究，结果发现角色间的冲突与促进与她们家庭角色的满意度显著相关。例如，女性对父母教育子女的满意程度很大程度上取决于个体感知的工作角色与家庭角色之间的冲突与促进水平。感知到低水平的冲突和高水平的促进的女性会有更高的父母角色的满意度。此外，在一项纵向时间序列的研究中，Brockwood、Hammer 和 Neal（2003）发现，无论是妻子还是丈夫，工作对家庭的促进都能够显著地预测家庭满意度。因此，本书的研究认为，工作向家庭的正向溢出对于态度及行为结果变量有跨领域的交叉影响，由工作-家庭正向溢出产生的积极情绪可以从工作领域溢出到家庭领域，或者从家庭领域溢出到工作领域。已有实证研究检验了多种结果变量的跨领域交叉影响。例如，Carlson 等（2011a）检验了家庭对工作的正向溢出与工作绩效之间的关系，而 Choi 和 Kim（2012）的研究发现家庭向工作的正向溢出对工作满意度有正向影响。据此，我们假设：

假设8a：工作向家庭的正向溢出对家庭领域的结果变量有交叉影响。

假设 8b：家庭向工作的正向溢出对工作领域的结果变量有交叉影响。

工作领域与家庭领域的直接影响与交叉影响的强弱比较已经受到了部分学者的关注（Amstad, Meier, Fasel, Elfering & Semmer, 2011; McNall et al., 2010）。根据社会交换理论，McNall 等（2010）认为如果个体经历工作向家庭的正向溢出，那么个体会对工作及组织产生回馈的心理及行为，而如果个体经历家庭向工作的正向溢出，个体通常不会对家庭产生回馈心理及行为。因此我们认为，直接影响比交叉影响有更大的效应，因为领域内的结果变量属于近端结果变量（proximal consequences），而跨领域的结果变量属于远端结果变量（distal consequences）。部分实证研究比较了直接影响与交叉影响之间的关系，例如，Carlson 等（2014）的研究比较了工作向家庭的正向溢出及家庭向工作的正向溢出与工作满意度之间的关系，结果发现与家庭向工作的正向溢出相比，工作满意度更与工作向家庭的正向溢出相关。类似的家庭满意度也更与家庭向工作的正向溢出相关。据此，我们提出假设：

假设 8c：直接影响比交叉影响的影响力度更强，即工作向家庭的溢出对工作领域的结果变量的影响比家庭向工作的溢出对工作领域的结果变量影响更强；反之亦然。

4.3.5 调节效应

4.3.5.1 人口统计学变量的调节作用

人口统计学变量被定义为基于个体特征的变量，如年龄、性别、种族、教育背景、个性特征及态度等。这些人口统计学变量在以往的研究中多数以控制变量或调节变量等解释变量的形式出现。已有研究探讨了人口统计学变量和工作-家庭促进之间的关系，并认为女性比男性感知到更高水平的工作-家庭正向溢出水平（Gryzwacz & Marks, 2000b; Voydanoff, 2004a, 2004b）。此外，受教育程度水平高的比受教育水平低的个体感知到更高水平的工作-家庭正向溢出（Gryzwacz & Marks, 2000b; Voydanoff, 2004a, 2004b）。

Michel、Kotrba、Mitchelson、Clark 和 Baltes（2011）认为个体的人口统计学特征对工作-家庭负向溢出以及前因变量之间的关系起到调节作用。本书的研究选择性别、婚姻状况、孩子数目及年龄作为调节变量进行研究，之所以选择这四个变量是因为这些变量在以往的研究中普遍地被研究者所讨论，但更为重要的是，以往的研究为这些变量的调节作用提供了强有力的证据。因此，本书的研究主要讨论性别、婚姻状况、孩子数目及年龄在工作-家庭正向溢出与前因及结果变量之间的调节作用，具体论述如下：

对于性别来说，我们需要清楚定义性别的方法。已有研究强调两种定义性别的方法，一种是将性别定义为样本中男女性别的比例，另一种定义性别的方法即普通意义上的性别角色导向（Livingston & Judge，2008），性别角色导向被定义为"人们对于男性及女性在社会中性别角色定位的传统观念"（Livingston & Judge，2008）。以往的研究既采用了性别角色导向也用样本中的性别比例来研究性别的调节作用，但由于采用元分析方法的原因，本书的研究采用样本的性别比例作为性别的代理变量。

我们预期工作-家庭正向溢出与前因及结果变量之间的关系对于女性来说更显著。已有研究表明，根据传统的社会分工观念，女性主要负责家庭领域的事务，如照顾父母及子女、承担家务劳动等，而男性的社会角色多定位于工作领域（Bielby & Bielby，1992；Cinamon & Rich，2002）。虽然随着女性不断加入劳动力市场，传统的性别角色的社会分工可能随之改变（Ali，Metz & Kulik，2015），但是女性的社会角色仍然在很多国家主要被赋予在家庭领域（Matthews，Bulger & Barnes-Farrell，2010）。因此，我们有理由预期工作-家庭正向溢出与前因变量之间的关系可能因性别的不同而有所差异（Cloningera，Selvarajanb，Singhb & Huang，2015）。此外，根据社会期望理论，男性与女性被赋予了不同的社会期望，而这种不同的社会期望会导致他们在工作家庭问题上做出不同的反应。根据传统的社会角色，女性会在平衡工作与家庭之间的关系时比男性感受到更多的需求与压力，因此，也会对工作-家庭正向溢出所涉及的压力与资源更为敏感。据此，我们预期工作与家庭之间的正向溢出与前因及结果变量之间的关系在女性群体中更为显著。

而对于婚姻状况与家中孩子数目的调节作用来说，我们预期工作-家庭正向溢出与前因及结果变量之间的关系在已婚人士及有子女的员工群体中更为显著。一个简单的逻辑是，有配偶及子女的员工比单身或没有子女的员工有更多的家庭责任（Ford，Heinen & Langkamer，2007），因此也肩负着更多的工作与家庭的需求和压力，对工作支持和家庭支持这些资源也更为敏感。虽然已经有一些学者及机构对婚姻状况以及工作-家庭促进的影响进行了研究，但是研究结果并不一致。Gryzwacz（2000）的研究发现，已婚人士会报告更高水平的工作家庭促进。而Brennan和Poertner（1997）的研究却得到了相反的结论，其研究指出，有照顾小孩需求的"单身父母"要比已婚父母有更高水平的幸福感。Wayne、Randel和Stevens（2003）检验了家中孩子数目、花费在家庭事务上的时间、照顾小孩的时间、家庭支持（工具性支持及情感性支持）与工作-家庭正向溢出之间的关系。研究发现家中孩子的数目与工作-家庭正向溢出正向相关，但照顾孩子所花费的时间与工作-家庭正向溢出没有显著的关系。花费在家务上的时间也与工作-家庭正向溢出有正向的关系。这一基本的看法在很多文献中被讨论，在很多的研究中，婚姻状况与孩子数目常常作为样本选择的标准，在进行数据分析时，常常作为控制变量来加以控制（Hammer, Neal, Newsom, Brockwood & Colton, 2005）。因此，我们预期婚姻状况与孩子数目在工作-家庭正向溢出与前因及结果变量之间的关系中起调节作用，且两者的关系在已婚人士及有子女的员工群体中更为显著。

年龄是另一个可能在工作-家庭正向溢出与前因及结果变量间起调节作用的人口统计学变量。我们预期对于年长群体来说，工作-家庭正向溢出与前因及结果变量之间的关系更显著。相比年轻的个体来说，年长的个体具备更多的工作与生活经验，能够更加自信地掌控复杂的工作与生活的环境，具备更好的协调资源及整合工作和家庭角色的能力（Matthews et al., 2010）。因此，年龄在工作-家庭正向溢出与前因及结果变量之间的关系中起到调节作用，且两者的关系在年长群体中更为显著。综上所述，我们假设：

假设9a：人口统计学变量——性别、年龄、婚姻状况及孩子数目在工作-家庭正向溢出与前因及结果变量的关系中起调节作用。具体来说，对于女性、已婚人士、有子女的个体及年长者来说，工作-家庭正向溢出与前因及结果变量的关系更显著。

4.3.5.2　国家文化的调节作用

在以往工作-家庭正向溢出的研究中，研究者对霍夫斯泰德的三种文化层面的变量进行了研究和讨论，分别是男权主义文化、集体主义/个人主义、长期导向/短期导向。研究者认为，西方国家的文化特征偏向于高水平的男权主义文化、个人主义文化及短期导向，而东方国家的文化特征偏向于低水平的男权主义文化、集体主义文化及短期导向（Hofstede, 2001）。本书的研究认为，国家层面的文化特征能够调节工作-家庭正向溢出与前因及结果变量之间的关系，原因在于来自西方国家和东方国家的个体受到国家层面文化特征的影响，对工作和家庭角色有不同的感知。因此，我们预期工作-家庭正向溢出与前因及结果变量之间的关系在东方国家的个体中比西方国家的个体中更为显著，具体论述如下：

首先，对于男权主义文化，男权主义得分较高的国家的社会导向倾向于注重成功、英雄主义、自信及对于成功的奖励（Hofstede & Hofstede, 2001）。而男权主义得分较低的国家的社会导向倾向于注重合作、谦和、关注及生活质量。在男权主义得分不同的国家中，个体对于工作和家庭平衡的需求也不同，同时不同得分国家的个体对工作、家庭领域的资源及压力敏感程度也有所不同（Cloningera, Selvarajanb, Singhb & Huang, 2015）。男权主义所倡导的社会规范也定义了社会角色，即在生活当中男性应表现出更多的男子气概，而女性应表现出更多的女性化行为（Hofstede & Hofstede, 2001）。具体来说，在高男权主义的环境中，男性主要负责获得事业及经济上的成功，而女性主要负责照顾好家庭成员。因此，在高男权主义的国家，人们倾向于认为男性应关注工作目标，如事业的成功及良好的财务状况；而女性应关注家庭目标，如照顾好家庭成员。如果在高男权主义社会中，男性和女性都接受这样明确的社会角色分工，那么男性和女性就没有太多需要兼顾工作与家庭生活的压力。相反，在男权主义得分较低的国家，社会分工相对较为模糊，这样男性和女性都面临着来自工作和家庭的双重压力，都面临着平衡工作与家庭生活的挑战，因此与高男权主义国家的个体相比，男权主义得分较低的国家的男性和女性也就面临着更多的平衡工作与生活的压力，同时也对来自工作领域和家庭领域的资源及支持更为敏感。

其次，从个人主义/集体主义的角度，研究者认为来自东方国家、崇尚集体主义的个体倾向于将工作和家庭两个领域视为相互融合的整体；而来自西方国家、崇尚个人主义的个体将倾向于将工作和家庭视为相互分离的独立的两个领域；而在个人主义和集体主义不同文化背景的熏陶下，个体对于工作和家庭到底是融合还是分离的倾向也会影响人们对于工作需求/资源和家庭需求/资源，以及工作-家庭正向溢出的感知。

再次，从长期导向/短期导向的角度，学者认为长期导向受到儒家文化的影响（Hofstede, 2001），崇尚长期导向的个体尊重儒家文化所倡导的道德规范，认为人与人之间的关系是建立在社会等级地位之上的（如父子、君臣、夫妻等）。同时注重长期导向的个体更倾向于与亲戚、父母、兄弟姐妹居住在一起，进而也更容易接受来自亲属的资源（家庭支持等）（Ling & Poweli, 2001）。因此，我们认为生活在长期导向文化背景中的个体比生活在短期导向文化背景中的个体更容易获得与工作及家庭相关的资源。

综上，我们假设：

假设9b：国家文化在工作-家庭正向溢出与前因及结果变量之间的关系中起到调节作用，特别是在东方国家，工作-家庭正向溢出与前因及结果变量之间的关系更为显著。

4.3.5.3 工作-家庭正向溢出构念不同测量的调节作用

McNall 等（2010）对工作-家庭正向溢出的结果变量进行了元分析，其认为工作-家庭正向溢出的不同构念（如工作家庭增益、工作家庭促进、工作家庭溢出等）是其在元分析的研究中的一个潜在调节变量。虽然几种不同的构念都描述了工作与家庭之间的正向作用，但是它们之间存在一定的区别。工作-家庭增强（work-family enhancement）被定义为从工作领域或家庭领域获得的资源及经验可以帮助个体面对生活中的挑战（Sieber，1974），工作-家庭增强强调的是个体获得的资源，但这种资源却不一定从工作领域溢出到家庭领域，或从家庭领域溢出到工作领域；工作-家庭增益（work-family enrichment）强调从一个领域（工作或家庭）获得的资源可以帮助个体在另一个领域（家庭或工作）获得更高的绩效；而工作-家庭溢出（work-family spillover）（Crouter，1984）则指的是个体从一个领域获得的资源（如情感、技巧、价值观及能力等）能够转移到另一个领域，使得工作和家庭两个领域保持相似或平衡（Edwards & Rothbard，2000）；工作-家庭增益及工作-家庭溢出的区别在于构念所体现的正向影响是否提高了另一个领域的绩效或生活质量，工作-家庭增益强调资源不仅可以从一个领域转移到另一个领域，更重要的是这种资源可以提高各领域的绩效或生活质量，而工作-家庭溢出却没有强调这一点。工作-家庭促进（work-family facilitation）被定义为从一个领域获得的福利可以提高其他领域的整体系统功能，具体来说，工作-家庭促进与工作-家庭增益的区别在于工作-家庭增益强调提高个体的绩效和生活质量，而工作-家庭促进强调的是提高整体生活系统功能。例如，当个体在家庭领域经历正向情感时，可以帮助个体在工作领域提高绩效，并增加其对工作的正向情感，同时也能够增强个体在一个工作或家庭网络内的与他人的关系，如工作团队关系或者上下级关系等。而工作-家庭匹配（work-family fit）强调工作与家庭是一个相互联系、相互影响的系统，强调的是工作与家庭之间的互动（DeBord，Canu & Kerpelman，2000）。工作-家庭匹配被定义为个体根据个人需求及特征调节工作及家庭生活战略并逐渐适应的动态过程，这个过程也会兼顾在个体的个人社会网络系统中其他成员的需求（Barnett，1998）。工作-家庭匹配描述的是一个动态的过程，而其他几个概念描述的是一种稳定的状态。据此，我们提出假设：

假设 9c：工作-家庭正向溢出构念的不同测量在工作-家庭正向溢出与前因及结果变量之间的关系中起调节作用。

研究一的假设总结见表 4.1。

表 4.1　研究一的假设总结

序号	假设
假设 1：工作-家庭正向溢出与工作-家庭负向溢出之间的关系	假设 1a：工作向家庭的正向溢出与工作向家庭的负向溢出是两个相关但相互区分的概念
	假设 1b：家庭向工作的正向溢出与家庭向工作的负向溢出是两个相关但相互区分的概念
假设 2：工作领域前因变量与工作向家庭的正向溢出之间的关系	假设 2a：工作需求与工作向家庭的正向溢出负相关。工作需求包括工作压力（生理需求、心理需求）及工作条件（工作负荷，工作时长）
	假设 2b：工作资源与工作向家庭的正向溢出正相关，这些工作资源包括：①工作支持（同事支持、上级支持、组织支持）；②家庭友好型政策；③工作弹性（工作控制、工作自主性）
假设 3：家庭领域前因变量与家庭向工作的正向溢出之间的关系	假设 3a：家庭需求与家庭向工作的正向溢出负相关
	假设 3b：家庭资源与家庭向工作的正向溢出正相关
假设 4：个性特征与工作-家庭正向溢出之间的关系	假设 4a：负向情感及神经质人格与工作-家庭正向溢出负相关
	假设 4b：正向情感及核心自我评价与工作-家庭正向溢出正相关
假设 5：工作向家庭的正向溢出与工作领域结果变量之间的关系	假设 5a：工作向家庭的正向溢出与工作满意度及组织承诺正相关，与离职意愿负相关
	假设 5b：工作向家庭的正向溢出与工作投入正相关，与工作倦怠负相关
	假设 5c：工作向家庭的正向溢出能够正向预测积极的组织行为，包括：①角色内绩效；②组织公民行为
假设 6：家庭向工作的正向溢出与家庭领域结果变量之间的关系	假设 6a：家庭向工作的正向溢出与家庭满意度正相关
	假设 6b：家庭向工作的正向溢出与家庭绩效正相关
假设 7：工作-家庭正向溢出与健康型结果变量之间的关系	假设 7：工作向家庭的正向溢出及家庭向工作的正向溢出与健康水平正相关；与生活满意度正相关，与感知到的压力负相关

表4.1(续)

序号	假设
假设8：工作领域和家庭领域的直接影响效应和交叉影响效应	假设8a：工作向家庭的正向溢出对家庭领域的结果变量有交叉影响
	假设8b：家庭向工作的正向溢出对工作领域的结果变量有交叉影响
	假设8c：交叉影响较直接影响影响力度更弱，即工作向家庭的溢出对家庭领域的结果变量的影响比家庭向工作的溢出对家庭领域的影响更弱，反之亦然
假设9：个人层面、国家层面及方法层面因素的调节作用	假设9a：人口统计学变量：性别、年龄、婚姻状况及孩子数目在工作-家庭正向溢出与前因及结果变量的关系中起调节作用。具体来说，对于女性、已婚人士、有子女的个体及年长者，工作-家庭正向溢出与前因及结果变量的关系更显著
	假设9b：国家文化在工作-家庭正向溢出与前因及结果变量之间的关系中起到调节作用，特别是在东方的国家，工作-家庭正向溢出与前因及结果变量之间的关系更为显著
	假设9c：工作-家庭正向溢出构念的不同测量在工作-家庭正向溢出与前因及结果变量之间的关系中起调节作用

4.4 数据处理与分析

4.4.1 文献的搜索与选择标准

4.4.1.1 文献搜索过程

本书的研究通过四个步骤来识别以往研究中工作-家庭正向溢出的前因变量及结果变量。

第一步，我们从以下数据库：Web of Science（SSCI）、EBSCO、ABI/IN-FORM、ERIC、PsycINFO、Google Scholar and Scopus 搜寻与工作-家庭正向溢出相关的关键词（work-family fit、work-family enrichment、work-family facilitation、work-family enhancement、work-family positive spillover）及摘要。

第二步，我们手动搜索了近年来与工作-家庭正向溢出相关的理论文章及定性及定量类实证文章，并且检查了这些文章中文献的交叉引用情况（Eby，Casper，Lockwood，Bordeaux & Brinley，2005；Eby et al.，2010；Greenhaus & Powell，2006；McNall et al.，2010；Shockley & Singla，2011）。

第三步，根据 Rothstein 和 Hopewell（2009）的建议，我们搜索了未发表的研究论文以避免潜在的偏误，我们从 PsycINFO/Dissertation、ProQuest、SCOPUS、PsycINFO 和 Web of science（SSCI）数据库中搜索到博士论文、会议论文共计 14 篇，将其包含在我们最后的研究分析当中。

第四步，我们将本书研究的相关信息发布在美国 AOM 管理年会人力资源管理与组织行为论坛版块，搜寻有关工作-家庭正向溢出的工作论文以避免偏误。

4.4.1.2 文献选择标准

根据以上步骤收集到的英文文献共有 213 篇，中文文献共 6 篇。本书的研究采用四个标准来筛选与本书相关的实证研究：①至少有一种类型的工作-家庭正向溢出作为中心变量出现在实证研究当中；②在实证研究中包含了工作-家庭正向溢出的测量；③实证研究中包括一个变量是工作-家庭正向溢出的前因变量及调节变量；④至少包括了一个与工作-家庭正向溢出相关的相关系数；在排除了搜索到的文献中不包含我们所研究的变量后，本书的研究一共包括 85 项研究（中文文献及英文文献）的 87 个样本。

4.4.2 编码过程

本书的两位研究者分别独立地对变量进行了分类总结。根据 Brummelhuis 和 Bakker（2012）提出的工作-家庭资源模型框架，我们将变量分为不同的子类。一些变量根据两个理论模型框架的内容不能自成一类，但因着理论模型的完整性又需要将该变量纳入模型当中。例如，在本书的研究中，家庭需求包括家庭责任、照顾老人的责任以及其他的表示个体需要完成的家庭要求等变量，这些变量都没有达到元分析所规定的，至少有 3 个以往实证研究样本数据的要求；因此我们将家庭责任、照顾老人的责任以及其他的表示个体需要完成的家庭要求归为一类，统一为家庭需求变量。最后，两位研究者对分类进行探讨和反复协商，最终达成一致，得到了较高的一致率（Cohen's kappa = 0.93）。

根据 Krippendorff（2012）的建议，我们对于每一篇文章的以下信息进行编码。

4.4.2.1 基本信息的编码

首先，对文章发表的期刊特征及发表年份等基本信息进行编码，具体包括：

①发表刊物类型。

②刊物发表年份。

③刊物影响因子。

④作者姓名。

4.4.2.2　编码影响效应

根据变量分类的结果，我们对影响效应进行编码。本书的研究将每个实证研究的样本容量、变量统计特征及观测的相关系数进行编码。因着构念的测量误差，观测的相关系数被转化成为修正后的相关系数（Hunter & Schmidt, 2004）。如果同样的样本被用在不同的研究当中，本书的研究仅包含相同的样本中的一个，目的是避免样本非独立性偏误。本书的研究中涉及的相同样本出现在不同研究当中的文献包括两篇（Carlson et al., 2010；Carlson et al., 2009）。

①样本容量。

②有效问卷回收率。

③与中心变量（工作-家庭正向溢出）相关变量名称。

④与中心变量（工作-家庭正向溢出）相关变量均值。

⑤与中心变量（工作-家庭正向溢出）相关变量标准差。

⑥与中心变量（工作-家庭正向溢出）相关变量的相关系数。

⑦与中心变量（工作-家庭正向溢出）相关变量的信度。

⑧中心变量均值。

⑨中心变量标准差。

⑩中心变量信度。

⑪相关变量类型。

⑫与中心变量的关系（前因、结果、控制、调节）。

⑬所用理论。

4.4.2.3　人口统计学变量编码

对样本统计特征的编码包括：

①样本性别比例。

②样本婚姻状况比例。

③样本平均年龄。

④样本平均孩子数目。

4.4.2.4　研究方法的编码

本部分内容主要对工作-家庭正向溢出领域的研究方法论进行回顾。这一研究方法论主要包括以下几方面的内容：样本隶属国家、研究设计、测量方法、分析策略。

4.4.2.4.1　样本隶属国家的编码

本部分内容主要对工作-家庭领域研究所用的样本所属国家进行总结。目前为止，工作-家庭正向溢出的研究多数来自西方国家，这说明工作-家庭正向溢出的研究多数来自较单一的文化背景群体，以往的研究没有考虑到文化的差异是否会影响理论的适用性。但是，近年来，随着东方国家（如亚洲国家）对工作-家庭正向溢出领域研究的逐渐深入，以东方国家集体主义为背景的研究也越来越多，这就允许我们探讨工作-家庭领域的理论在不同文化背景下的普遍适用性。因此，本部分内容将对工作-家庭正向溢出领域的研究进行统计，以数据来说明工作-家庭正向溢出领域研究的地域分布情况，并探讨其进行跨文化分析的可行性。

4.4.2.4.2　研究设计的编码

a. 数据类型。数据是横截面数据还是纵向数据。纵向数据是指有时间效应的时间序列数据。

b. 时间点。Ng 等（2012）在其研究中指出，目前，多数工作-家庭正向溢出领域的研究采用的是横截面数据，我们从中很难发现变量之间的因果关系。对工作-家庭正向溢出的研究在研究设计方面进行总体的回顾是非常必要的，因此，本书对样本的测量是横截面的测量方式还是多时点测量。

c. 被试的来源（上级、夫妻、同事等）。样本是来自一个总体还是来自两个或者多个总体。具体来说，工作-家庭正向溢出领域的研究涉及员工个体及其家庭成员的影响，已有研究中一部分研究仅测量了个体，而少数的研究既测量了个体，也测量了配偶的数据。在组织中，工作领域的变量对个体的影响包括上级、同事的压力及提供的资源，因此，少量的研究除测量员工个体的数据以外，也对上级及同事的数据信息进行了收集。

4.4.2.4.3　测量方法的编码

a. 所用量表。

b. 量表里克特维度。

c. 中心变量量表里克特维度。

d. 题项举例。

4.4.2.4.4　分析策略编码

分析方法。本书的内容分析只关注实证性研究，因此我们对于分析策略的编码主要是针对实证研究方法。我们将分析策略编码成五种类别：相关性分析、简单层次回归、多层次回归、结构方程模型、其他。对分析策略进行编码时，有两点值得我们注意。第一，相关性研究是指研究只用了零阶相关分析来检验变量之间的关系，没有用回归的分析方法。第二，虽然多层次结构方程模型的研究日益增多，但是在工作-家庭正向溢出领域的研究，此方法的应用还比较少见。因此，此部分的结构方程模型仅指单层次的结构方程模型。

模型类型。我们将模型类型编码成五种类别：调解效应模型、简单中介效应模型、链式中介效应模型、平行中介效应模型、其他。

4.4.2.5 理论文章的编码

对于理论性的文章，编码内容如下：

①研究问题。

②基础理论。

③是否提出模型进行测试。

4.4.3 元分析过程

元分析（meta-analysis）统计方法的基本思想是在某一研究领域已有实证研究的基础之上，针对研究问题，收集相关实证研究文献，并对文献提供的数据信息进行再次编码和统计。即利用文献中所提供的统计指标，采用相应的统计数据和方法对文献提供的实证数据进行统计分析，从而根据统计结果获得两个变量之间"真实"的相关系数。

之所以要获得"真实"的相关系数，其基本逻辑思想在于，在实证研究中，研究者收集的样本数据难以避免地会有"总体样本的真实误差"和"测量误差"问题。元分析的目的在于利用统计方法，根据实证研究提供的统计参数（相关系数、样本容量、量表测量信度）等，去掉这些样本误差和测量误差的影响，以求利用统计显著性等来获得并分析两个变量之间"真实"的相关关系。

在元分析中，我们可以利用实证研究中提供的参数：文献中提供的观测到的相关系数、样本容量、每个变量的测量信度、样本特征（如样本的性别比例、平均年龄、婚姻状况等）。有时，文献中没有给出变量的相关系数，但是给出了其他的统计量（如 T 值、F 值、均方误差等），此时我们可以根据 Hunter 和 Schmidt（1990）所建议的转换公式，将所提供的统计量转化为相关系数。在输出的参数中，我们需要关注的是变量间未修正的相关系数、修正的相关系数及每个相关系数的标准差和置信区间，通常修正的相关系数即我们想要获得的"真实"的相关系数。之后，我们对已有的研究结果进行定量综合的分析，试图确定"真实"值。除了专用软件之外，通用软件如 Stata、SAS、

SPSS、R、Splus、WinBUGS 等，也有一些模块或宏命令能够进行元分析。

元分析被广泛地用于以定量的方法回顾某研究领域内特定变量间相关关系的所有研究（Hunter & Schmidt，1990）。元分析最重要的一个问题在于研究者必须能够清楚地定义所要研究的问题，并且要有合理的推断。因此，进行元分析时，以往的研究学者提醒我们有几个重要的要素值得注意。首先，元分析必须建立在明确的概念基础之上，研究者需要对所要研究的领域内所有文献有较为深刻的理解和把握。如果没有对潜变量进行清楚的定义，那么研究者很容易得出具有误导性的结果。如果仅仅简单地假定几个相似的属于研究的同一个构念，或者不同的术语就是不同的构念，而没有对各个概念进行深入地理解和分析，那么研究者就很难定位在该领域进行元分析的相关研究，也可能从分析结果中得到没有意义的研究推论。

用于元分析的数据属性也直接影响着研究结论（Card，2012）。例如，如果用于元分析的实证研究数据多数都是横截面数据，那么，该元分析的研究结论就不能用于推断变量间的因果关系。总之，元分析的结果基本上完全依赖于所使用的实证研究的数据属性及实证研究的研究设计，也就是说，主要的实证研究的数据属性即是元分析的数据属性。

近年来，学者们普遍关注的一个问题是元分析所使用的实证研究个数到底最低是多少才能保证研究结果的统计有效性，而不出现严重的偏误（Valentine et al.，2010）。但毋庸置疑的是，元分析中使用的实证研究数目越多，样本量越大，我们就越有自信说我们得到的除去样本误差及测量误差的"真正"的相关系数是可信及稳健的。实际上，有研究学者认为，元分析所使用的实证研究个数最低不能低于 3 个（Valetine et al.，2012）。也有学者认为，对于元分析这种方法来说，能够使用 200 个研究作为样本已经算是一个较大的样本量了。总之，对于元分析，样本量始终是一个重要的问题，样本量越丰富，我们的研究结果越有可能接近真实的影响效应。

4.5 研究结果

根据 Borenstein、Hedges、Higgins 和 Rothstein（2011）及 Hunter 和 Schmidt（2004）的建议，本书采用元分析随机效应检验来验证假设 1 至假设 8。我们分别报告了独立的影响效应大小、样本容量、修正后的加权相关系数以及 95% 的置信区间。此外，我们汇报了量化异质性的三个统计量，包括加权平方和、

P 值（即 Q 统计量）以及真实影响效应大小的标准差（T），最后报告了真实影响效应大小与研究内误差的离差比例（I^2）。

我们根据变量的类型采用不同的方法来检验调节效应，在假设 9a 中，调节变量分别是样本中的男性比例、已婚人士比例、样本的平均年龄及样本的平均孩子数目，几个变量都属于连续型变量。因此，对于假设 9a 的检验，我们采用元分析回归的方法进行检验，回归估计方法采用最小二乘法，并采用随机效应模型来检验。而对于假设 9b 及假设 9c，我们采用亚组分析来检验其调节效应。针对假设 9b，我们采用传统的跨文化研究方法来检验文化的调节效应（Rockstuhl，Dulebohn，Ang & Shore，2012）。具体来说，我们根据样本的地理特征来对文化进行编码，分别编码为北美-欧洲及亚洲国家，这种定义文化群组的方式在以往的研究中得到了学者们的一致认可（Fischer & Mansell，2009；Hofstede，1984b）。针对假设 9c，我们对每一个工作-家庭正向溢出的构念进行编码来检验构念的调节效应（Borenstein et al.，2011）。

4.5.1 工作-家庭正向溢出与工作-家庭负向溢出之间的关系

对于假设 1，表 4.3 呈现了相关结果，结果显示工作向家庭的正向溢出与工作向家庭的冲突负相关（$\bar{r} = -0.10$），家庭向工作的正向溢出与家庭向工作的冲突负相关（$\bar{r} = -0.15$）。如表 4.3 所示，两项结果 95% 的置信区间都不包括 0。根据 Cohen（1988，1992）的观点，在社会科学中，相关系数的值在 0.1 至 0.23 之间表示变量之间有较小的影响效应。因此，假设 1a 和假设 1b 都得到了支持。

4.5.2 工作-家庭正向溢出的前因变量关系的检验结果

假设 2a 提出工作向家庭的正向溢出与工作需求负相关，如表 4.2 所示，工作负荷与工作向家庭的正向溢出显著负相关（$\bar{r} = -0.20$）。然而工作心理需求（$\bar{r} = 0.03$）、工作生理需求（$\bar{r} = -0.05$）、工作时长（$\bar{r} = 0.03$）与工作向家庭的正向溢出的关系不显著。除了工作负荷，其他所有结果的 95% 置信区间都包含 0，因此假设 2a 得到部分支持。

假设 2b 提出工作资源与工作向家庭的正向溢出正相关，如表 4.2 所示，工作向家庭的正向溢出与同事支持（$\bar{r} = 0.32$）、主管支持（$\bar{r} = 0.26$）、组织支持（$\bar{r} = 0.21$）、家庭友好型政策（$\bar{r} = 0.22$）、工作控制（$\bar{r} = 0.16$）及工作自主性（$\bar{r} = 0.21$）正相关，且以上关系都显著正相关，由于以上关系的 95% 的置信区间都不包含 0，因此，假设 2b 得到完全支持。

表 4.2 工作-家庭正向溢出与前因变量之间关系的检验结果

变量	N	k	$\bar{r}$	95% CI		Q		p	I^2	T
				LL	UL					
工作向家庭的正向溢出	—	—	—	—	—	—	—	—	—	—
工作领域	—	—	—	—	—	—	—	—	—	—
工作需求	—	—	—	—	—	—	—	—	—	—
工作心理需求	8 625	10	0.03	-0.04	0.11	65.60	9.00	0.00	86.28	0.11
工作生理需求	28 636	6	-0.05	-0.13	0.03	34.10	5.00	0.00	85.34	0.09
工作负荷	26 991	4	-0.20	-0.38	-0.01	45.73	3.00	0.00	93.44	0.18
工作时长	10 684	17	0.03	-0.03	0.10	119.83	16.00	0.00	86.65	0.11
工作资源	—	—	—	—	—	—	—	—	—	—
同事支持	5 588	6	0.32	0.18	0.45	63.48	5.00	0.00	92.12	0.18
上级支持	9 628	14	0.26	0.20	0.33	87.49	13.00	0.00	85.14	0.12
组织支持	3 895	7	0.21	0.06	0.34	101.19	6.00	0.00	94.07	0.19
家庭友好型政策	10 169	10	0.22	0.12	0.32	146.54	9.00	0.00	93.86	0.16
工作控制	3 282	7	0.16	0.10	0.21	9.92	6.00	0.13	39.51	0.05
工作自主性	16 060	6	0.21	0.18	0.25	15.21	5.00	0.01	67.13	0.04
家庭领域	—	—	—	—	—	—	—	—	—	—
家庭需求	—	—	—	—	—	—	—	—	—	—
家庭需求	34 121	7	-0.09	-0.16	-0.01	55.86	6.00	0.00	89.26	0.09
家庭资源	—	—	—	—	—	—	—	—	—	—
家庭支持	10 798	11	0.16	0.10	0.21	43.82	10.00	0.00	77.18	0.08
个性特征	—	—	—	—	—	—	—	—	—	—
核心自我评价	1 537	5	0.14	-0.01	0.28	23.57	4.00	0.00	83.03	0.15

变量	N	k	r̄	95% CI		Q		p	I²	T
				LL	UL					
神经质人格	4 946	5	-0.10	-0.13	-0.06	4.97	4.00	0.29	19.54	0.02
消极情绪	2 373	4	-0.09	-0.14	-0.04	3.37	3.00	0.34	11.09	0.02
积极情绪	2 366	6	0.38	0.30	0.45	14.31	5.00	0.01	65.06	0.09
家庭向工作的正向溢出	—	—	—	—	—	—	—	—	—	—
工作领域	—	—	—	—	—	—	—	—	—	—
工作需求	—	—	—	—	—	—	—	—	—	—
工作时长	6 558	11	-0.01	-0.06	0.04	35.60	10.00	0.00	71.91	0.07
工作资源	—	—	—	—	—	—	—	—	—	—
同事支持	4 537	3	0.29	0.11	0.45	18.86	2.00	0.00	89.39	0.15
上级支持	5 771	6	0.16	0.12	0.21	7.52	5.00	0.19	33.47	0.04
组织支持	—	—	—	—	—	—	—	—	—	—
工作自主性	4 654	3	0.12	0.07	0.17	2.05	2.00	0.36	2.43	0.01
家庭领域	—	—	—	—	—	—	—	—	—	—
家庭需求	—	—	—	—	—	—	—	—	—	—
家庭需求	4 369	3	-0.01	-0.12	0.09	4.17	2.00	0.12	52.02	0.06
家庭资源	—	—	—	—	—	—	—	—	—	—
家庭支持	7 993	8	0.30	0.16	0.42	138.50	7.00	0.00	94.95	0.20
个性特征	—	—	—	—	—	—	—	—	—	—
核心自我评价	1 193	3	0.26	0.10	0.40	9.31	2.00	0.01	78.51	0.13
消极情绪	2 373	4	-0.14	-0.23	-0.05	8.75	3.00	0.03	65.73	0.07

注：N = 被试样本总数；k = 研究个数（影响效应）；95% CI = $r̄$ 的 95% 的置信区间；LL = 95% 置信区间的最低值；UL = 95% 置信区间的最高值；Q = Q 统计量，同质性检验统计量；p = Q 统计量的 T 值；I^2 = I^2 统计量；T = 真实影响效应标准差。

假设 3a 提出家庭需求与家庭向工作的正向溢出负相关。结果如表 4.2 所示，家庭需求与家庭向工作的正向溢出的估计系数为 $\bar{r} = -0.01$，且 95%的置信区间包含 0。因此，工作-家庭正向溢出与家庭需求的关系不显著，结果不支持假设 3a。

假设 3b 提出家庭资源与家庭向工作的正向溢出正相关，从表 4.2 中，我们可以看到家庭支持（$\bar{r} = 0.3$）与家庭向工作的正向溢出正相关。95%的置信区间不包含 0。因此，家庭向工作的正向溢出与家庭资源的关系显著异于 0，结果支持假设 3b。

假设 4a 检验了消极的人格特质与工作-家庭正向溢出的关系。如表 4.2 所示，工作向家庭的正向溢出与消极情感（$\bar{r} = -0.09$）和神经质人格（$\bar{r} = -0.1$）负相关。此外，家庭向工作的正向溢出与消极情感（$\bar{r} = -0.14$）负相关，所有估计系数的 95%的置信区间都不包括 0，因此假设 4a 得到部分支持。

假设 4b 提出积极的人格特质与工作-家庭正向溢出正相关，如表 4.2 所示，工作向家庭的正向溢出与积极情感（$\bar{r} = 0.38$）正相关，并且与核心自我评价（$\bar{r} = 0.14$）正相关。前者的 95%的置信区间不包含 0，而后者的 95%的置信区间包含 0。此外，家庭向工作的正向溢出与核心自我评价显著正相关（$\bar{r} = 0.26$），且 95%的置信区间不包含 0。因此假设 4b 得到部分支持。

4.5.3　工作-家庭正向溢出的结果变量关系的检验结果

假设 5a 检验了工作向家庭的正向溢出与工作领域态度型结果变量的关系。如表 4.3 所示，工作满意度与工作向家庭的正向溢出正相关（$\bar{r} = 0.41$），组织承诺与工作向家庭的正向溢出正相关（$\bar{r} = 0.23$）。此外，离职倾向与工作向家庭的正向溢出负相关（$\bar{r} = -0.19$）。所有结果 95%的置信区间都不包括 0，这些结果都支持假设 5a。

假设 5b 检验了工作向家庭的正向溢出和员工的心理资源类态度型结果变量之间的关系。表 4.3 结果显示工作向家庭的正向溢出与工作投入正相关（$\bar{r} = 0.32$），与工作倦怠负相关（$\bar{r} = -0.17$）。95%的置信区间都不包括 0，这表明这两个关系明显异于 0。因此，假设 5b 得到支持。

假设 5c 提出工作向家庭的正向溢出与工作领域内角色内的绩效及组织公民行为正相关。表 4.3 结果显示工作向家庭的正向溢出与角色内的绩效正相关（$\bar{r} = 0.25$），并且与组织公民行为正相关（$\bar{r} = 0.22$）。95%置信区间不包括 0。因此，假设 5c 得到支持。

假设 6a 提出家庭向工作的正向溢出与家庭满意度正相关。表 4.3 结果显示家庭满意度与家庭向工作的正向溢出正相关（$\bar{r} = 0.43$）。95%的置信区间都不包括0，因此，假设6a得到支持。

假设6b验证了家庭向工作的正向溢出与家庭绩效之间的关系。表4.3结果显示工作向家庭的正向溢出与家庭绩效正相关（$\bar{r} = 0.30$）。95%的置信区间都不包括0，因此，假设6b得到支持。

假设7验证了工作-家庭正向溢出与健康水平之间的关系。结果显示工作向家庭的正向溢出与生活满意度（$\bar{r} = 0.46$）以及整体健康（$\bar{r} = 0.14$）正相关。相反地，工作向家庭的正向溢出与压力负相关（$\bar{r} = -0.10$）。家庭向工作的正向溢出与生活满意度（$\bar{r} = 0.29$）以及整体健康（$\bar{r} = 0.28$）正相关。相反，家庭向工作的正向溢出与压力负相关（$\bar{r} = -0.17$）。以上关系中除了工作向家庭的溢出与压力的关系不显著以外，其他关系都显著。因此假设7基本得到支持。

4.5.4　工作与家庭领域的直接影响效应与交叉影响效应检验

假设8提出工作向家庭的溢出与家庭领域的结果变量更相关；反之，家庭向工作的溢出与工作领域的结果变量更相关。表4.3结果显示，家庭满意度（$\bar{r} = 0.25$）与工作向家庭的正向溢出显著正相关，家庭绩效与工作向家庭的正向溢出显著正相关（$\bar{r} = 0.14$），95%的置信区间都不包含0。因此，假设8a得到支持。相似的，根据表4.3结果显示，家庭向工作的正向溢出与工作满意度显著正相关（$\bar{r} = 0.25$），与组织承诺（$\bar{r} = 0.20$）及角色内绩效正相关（$\bar{r} = 0.36$）。此外，家庭向工作的正向溢出与离职倾向及工作倦怠都不相关。其他的变量与工作向家庭的正向溢出的关系都得到了支持，95%的置信区间都不包含0。这些结果表明，假设8b得到支持，并且说明交叉影响主要发生在工作-家庭正向溢出与正向结果（如工作满意度、组织承诺等）的关系之间，而不是负向的结果（如离职及工作倦怠），同时这也说明家庭向工作的正向溢出并不能有效降低员工的离职及倦怠。

假设8c提出，交叉影响效应要弱于直接影响效应，根据表4.3的结果，我们发现家庭向工作的正向溢出与工作满意度的关系要弱于工作向家庭的正向溢出与工作满意度的关系；工作向家庭的正向溢出与家庭满意度的关系要弱于家庭向工作的正向溢出与家庭满意度的关系。此结果可以根据表4.3中不重合的置信区间来说明。除此之外，工作-家庭正向溢出与离职意向及工作倦怠的关系的领域内直接效应都是显著的，而领域间的交叉效应都不显著，然而，我们没有在行为型结果变量（如工作绩效、家庭绩效及组织公民行为）与工作-

表4.3 工作-家庭正向溢出与结果变量关系的检验结果

变量	N	k	$\bar{r}$	95% CI		Q	p	I^2	T
				LL	UL				
工作向家庭的正向溢出	—	—	—	—	—	—	—	—	—
工作领域	—	—	—	—	—	—	—	—	—
工作向家庭的冲突	58 227	41	-0.10	-0.15	-0.05	649.92	0.00	0.15	93.85
工作满意度	72 684	33	0.41	0.33	0.49	2 240.19	0.00	0.28	98.57
组织承诺	4 824	12	0.23	0.06	0.39	273.34	0.00	0.30	95.98
离职倾向	4 780	13	-0.19	-0.29	-0.09	103.11	0.00	0.18	88.36
工作投入	12 236	11	0.32	0.24	0.41	161.71	0.00	0.15	93.82
工作倦怠	3 229	5	-0.17	-0.24	-0.10	8.65	0.07	0.05	53.78
角色内绩效	1 853	7	0.25	0.15	0.35	31.53	0.00	0.13	80.97
组织公民行为	448	3	0.22	0.01	0.41	9.10	0.01	0.16	78.03
家庭领域	—	—	—	—	—	—	—	—	—
家庭满意度	12 764	20	0.25	0.18	0.32	265.83	0.00	0.16	92.85
家庭绩效	3 689	4	0.14	0.002	0.27	42.44	0.00	0.13	92.93
健康型结果变量	—	—	—	—	—	—	—	—	—
生活满意度	830	4	0.46	0.37	0.55	7.41	0.06	0.09	59.50
健康水平	2 020*	4	0.14	0.10	0.18	1.56	0.00	0.00	0.00
压力	6 074	7	-0.10	-0.22	0.03	125.48	0.00	0.16	95.22

| 变量 | N | k | $\bar{r}$ | 95% CI | | Q | p | I^2 | T |
				LL	UL				
家庭向工作的正向溢出									
工作领域	—	—	—	—	—	—	—	—	—
家庭向工作的冲突	20 483	27	-0.15	-0.20	-0.09	362.25	0.00	0.14	92.82
工作满意度	10 971	15	0.25	0.16	0.33	189.87	0.00	0.17	92.63
组织承诺	3 778	10	0.20	0.12	0.27	28.24	0.00	0.10	68.13
工作倦怠	4 989	4	-0.06	-0.31	0.20	76.76	0.00	0.26	96.09
离职倾向	4 063	9	-0.08	-0.18	0.01	43.50	0.00	0.13	81.61
角色内绩效	541	3	0.36	0.18	0.52	10.20	0.01	0.16	80.39
家庭领域	—	—	—	—	—	—	—	—	—
家庭向工作的冲突	20 483	27	-0.15	-0.20	-0.09	362.25	0.00	0.14	92.82
家庭满意度	12 438	11	0.43	0.33	0.52	253.86	0.00	0.19	96.06
家庭绩效	3 753	3	0.30	0.18	0.41	26.93	0.00	0.11	92.57
健康型结果变量	—	—	—	—	—	—	—	—	—
生活满意度	2 581	4	0.29	0.18	0.39	7.95	0.05	0.09	62.25
健康水平	3 208	2	0.28	0.03	0.50	4.72	0.03	0.17	78.80
压力	3 122	5	-0.17	-0.26	-0.08	21.66	0.00	0.10	81.53

注：N = 被试样本总数；k = 研究个数；$\bar{r}$ = $\bar{r}$ 的 95% 的置信区间；LL = 95% 置信区间的最低值；UL = 95% 置信区间的最高值；Q = Q 统计量，同质性检验统计量；p = Q 统计量的 T 值；I^2 = I^2 统计量；T = 真实影响效应标准差。

家庭正向溢出的关系中发现类似的结论。据此，我们可以推断，当检验态度型结果变量时，直接效应要强于交叉效应；但是当检验行为性结果变量时，没有类似的结果。综上所述，假设8c得到部分支持。

虽然我们没有假设前因变量与工作-家庭正向溢出的交叉影响，但是本书的研究中，我们也得出了一些有趣的研究结果。结果如表4.3所示，工作资源不仅与工作向家庭的正向溢出相关，也与家庭向工作的正向溢出显著相关。家庭向工作的正向溢出与同事支持显著正相关（$\bar{r} = 0.29$），同时上级支持（$\bar{r} = 0.16$）与工作自主性（$\bar{r} = 0.12$）也与家庭向工作的正向溢出显著相关。类似地，家庭需求与工作向家庭的正向溢出显著负相关（$\bar{r} = -0.09$），而家庭支持与工作向家庭的正向溢出显著正相关（$\bar{r} = 0.16$）。所有系数的95%的置信区间都不包括0。虽然我们没有假设这部分的内容，但是这些结果也赋予了我们有益的启示，我们将在讨论部分对此结果予以探讨。

4.5.5　调节效应检验结果

假设9a检验了人口统计学变量（包括性别、年龄、婚姻状况、孩子数目）在工作-家庭正向溢出与前因及结果变量的关系中所起的调节作用。我们采用随机效应的元分析-回归方法来检验假设9a。对于前因变量，如表4.4所示，性别在同事支持与工作向家庭的正向溢出的关系中调节作用显著（$B = 0.87$，$p < 0.01$）；员工的年龄在工作控制与工作向家庭的正向溢出之间的关系中起显著的调节作用（$B = 0.12$，$p < 0.01$）；员工的婚姻状况显著调节家庭友好型人力资源政策与工作向家庭正向溢出之间的关系（$B = 0.96$，$p < 0.05$）。婚姻状况还显著调节了家庭支持与工作向家庭正向溢出之间的关系（$B = 0.0.25$，$p < 0.05$）。年龄与婚姻状况调节作用的方向与我们预期的相同，即年龄与婚姻状况的调节作用在年长群体及已婚人士群体中更为显著。然而同事支持与工作向家庭的正向溢出之间的关系在男性群体中更为显著，此结果与我们预期的相反。除此之外，孩子数目在所有关系中的调节作用都不显著，且四种人口统计学变量在家庭向工作的正向溢出与所有前因变量之间的关系中，调节作用也不显著。以上关系中，调节作用的关系个数有限及调节作用与预期的方向相反可能是由于较小的样本容量所致。对于结果变量，表4.5结果显示，员工的年龄调节了组织承诺与家庭向工作的正向溢出之间的关系（$B = -0.24$，$p < 0.01$）。员工的婚姻状况调节了工作投入与工作向家庭的正向溢出之间的关系（$B = -0.31$，$p < 0.01$），而孩子数目则调节了组织承诺与工作向家庭的正向溢出之间的关系（$B = 0.02$，$p < 0.05$），除此以外，孩子数目还调节了家庭满意度与家庭向工作的正向溢出之间的关系（$B = -0.32$，$p < 0.001$）。因此，综上所述，假设9a得到部分支持。

表 4.4 人口统计学变量在工作-家庭正向溢出与前因变量之间的调节作用

变量	性别			年龄			婚姻状况			孩子数目		
	k	B	SE	k	B	SE	k	B	SE	k	B	SE
工作向家庭的正向溢出												
工作领域	—	—	—	—	—	—	—	—	—	—	—	—
工作心理需求	8	0.16	0.18	10	0.01	0.08	—	—	—	6	0.02	0.14
工作生理需求	5	-0.04	0.18	5	0.08	0.10	—	—	—	4	0.05	0.04
工作时长	16	0.04	0.07	14	0.02	0.02	—	—	—	13	0.00	0.02
同事支持	4	0.87***	0.26	6	0.25	0.19	4	0.22	0.34	—	—	—
上级支持	13	0.04	0.17	—	—	—	11	-0.10	0.36	7	-0.02	0.02
家庭友好型政策	10	-0.04	0.22	9	0.11	0.07	8	0.96*	0.39	6	0.06	0.14
工作控制	6	0.12	0.15	6	0.12**	0.05	7	0.10	0.52	7	-0.08	0.04
工作自主性	6	0.13	0.14	5	0.03	0.03	4	-0.08	0.10	—	—	—
家庭领域	—	—	—	—	—	—	—	—	—	—	—	—
家庭需求	7	0.52*	0.10	9	-0.09***	0.03	7	0.25*	0.12	3	-0.06	0.06
家庭支持	11	0.08	0.16	—	—	—	3	0.43	0.91	6	0.02	0.02
核心自我评价	4	0.30	0.74	5	0.01	0.05	3	-0.16	0.33	3	-0.18	0.19
神经质人格	5	-0.29	0.27	3	0.00	0.05	—	—	—	—	—	—
消极情绪	4	-0.04	0.65	6	0.04	0.13	—	—	—	—	—	—
积极情绪	6	0.51	0.94	—	—	—	—	—	—	3	0.09	0.18

变量	性别			年龄			婚姻状况			孩子数目		
	k	B	SE	k	B	SE	k	B	SE	k	B	SE
家庭向工作的溢出												
工作时长	10	0.20	0.18	—	—	—	8	0.05	0.20	6	-0.04	0.05
同事支持	—	—	—	—	—	—	5	0.03	0.19	—	—	—
上级支持	5	0.16	0.33	5	0.01	0.07	—	—	—	4	0.04	0.04
组织支持	—	—	—	—	—	—	—	—	—	—	—	—
工作支持	4	0.85	0.27	4	-0.14	0.08	4	-0.80	0.75	4	-0.08	0.12
家庭支持	7	-0.43	0.55	7	-0.15	0.13	—	—	—	5	0.10	0.01
消极情绪	—	—	—	4	-0.01	0.05	—	—	—	3	0.08	0.04

注：k = 研究个数（影响效应）；B = 回归系数；SE = 回归系数的标准差。

表 4.5　人口统计学变量在工作-家庭正向溢出与结果变量之间的调节作用

变量	性别			年龄			婚姻状况			孩子数目		
	k	B	SE	k	B	SE	k	B	SE	k	B	SE
工作向家庭的正向溢出	—	—	—	—	—	—	—	—	—	—	—	—
工作满意度	31	−0.02	0.27	27	−0.06	0.07	19	−0.19	0.30	12	0.01	0.06
组织承诺	12	0.02	0.56	9	−0.01	0.03	11	−0.12	0.60	7	0.20*	0.10
工作投入	9	0.09	0.44	8	0.04	0.10	9	−0.31***	0.08	6	−0.10	0.15
工作倦怠	5	−0.18	0.13	—	—	—	—	—	—	3	0.06	0.06
离职倾向	12	−0.25	0.42	10	−0.05	0.17	12	0.39	0.61	6	0.00	0.06
工作绩效	—	—	—	4	−0.06	0.14	—	—	—	4	0.32	0.21
组织公民行为	18	−0.16	0.22	—	—	—	—	—	—	—	—	—
生活满意度	4	−0.30	0.45	—	—	—	—	—	—	—	—	—
压力	6	0.07	0.51	4	−0.01	0.11	3	−0.52	0.07	—	—	—
家庭向工作的正向溢出	—	—	—	—	—	—	—	—	—	—	—	—
工作满意度	13	0.51	0.34	11	−0.12	0.08	8	0.07	0.63	6	0.06	0.05
组织承诺	9	−0.19	0.28	4	−0.24***	0.06	7	−0.31	0.34	—	—	—
工作倦怠	4	−0.51	0.84	8	0.05	0.14	8	0.08	0.56	3	−0.24	0.40
离职倾向	8	0.48	0.70	—	—	—	—	—	—	4	0.05	0.06
家庭满意度	4	1.44*	0.59	8	0.12	0.10	—	—	—	3	−0.32***	0.07

注：k = 研究个数（影响效应）；B = 回归系数；SE = 回归系数的标准差。

假设 9b 提出工作-家庭正向溢出与前因及结果变量之间的关系受到国家文化的调节作用影响。为了检验此假设，我们根据国家的地理位置将样本分为北美、欧洲及亚洲国家几个亚组，进行亚组分析。对于前因变量，结果如表 4.6 所示，家庭支持与家庭向工作的正向溢出之间的关系在北美国家中显著（$\bar{r}$ = 0.33），而在亚洲国家中不显著（$\bar{r}$ = 0.23），此结果支持了国家文化的调节作用。然而在其他的前因变量与工作-家庭正向溢出之间的关系中，国家文化的调节作用都不显著，虽然有些变量与工作-家庭正向溢出的关系在几个亚组中都显著，但是它们的 95% 的置信区间有重合，因此针对前因变量与工作-家庭正向溢出之间的关系，结果部分支持国家文化的调节作用。针对结果变量，如表 4.7 所示，与北美国家（$\bar{r}$ = 0.22）相比，家庭向工作的正向溢出与工作满意度的关系在亚洲国家中显著正相关（$\bar{r}$ = 0.42），此结果可以根据没有重合的置信区间来加以说明。国家文化在其他的结果变量与工作-家庭正向溢出的关系中没有发现显著的调节作用。因此，假设 9b 得到部分支持。

假设 9c 指出，工作-家庭正向溢出的不同构念在工作-家庭正向溢出及前因及结果变量之间的关系中起到调节作用。针对前因变量，结果如表 4.8 所示，当构念采用工作向家庭的增益时，工作心理需求与工作向家庭的正向溢出之间的关系显著（$\bar{r}$ = -0.18, 95% CI [-0.27, -0.08]），而当构念采用工作向家庭的促进时不显著（$\bar{r}$ = 0.08, 95% CI [-0.05, 0.21]）。当构念采用工作向家庭的增益时，工作时长与工作向家庭的正向溢出之间的关系显著（$\bar{r}$ = 0.33, 95% CI [0.25, 0.40]），而当构念采用工作向家庭的促进时不显著（$\bar{r}$ = -0.06, 95% CI [-0.15, 0.02]）。当构念采用工作向家庭的增益时，核心自我评价与工作向家庭正向溢出之间的关系显著（$\bar{r}$ = 0.29, 95% CI [0.13, 0.43]），而当构念采用工作向家庭的促进时不显著（$\bar{r}$ = 0.03, 95% CI [-0.09, 0.14]）。当构念采用家庭向工作的促进时，家庭支持与家庭向工作的正向溢出之间的关系显著（$\bar{r}$ = 0.36, 95% CI [0.18, 0.51]），而当构念采用家庭向工作的增益时不显著（$\bar{r}$ = 0.23, 95% CI [-0.03, 0.46]）。两者的 95% 的置信区间都不包含 0 且没有重合。然而，工作-家庭正向溢出与其他前因变量之间的关系在采用不同的构念时没有显著的差别。

表 4.6 国家文化在工作-家庭正向溢出与前因变量之间的调节作用

工作向家庭的正向溢出

变量	亚组	k	$\bar{r}$	95% CI LL	95% CI UL	Q	p	I^2	T
		—	—	—	—	—	—	—	—
工作心理需求	亚洲国家	2	0.20	-0.13	0.49	25.11	0.23	0.06	96.02
	北美国家	6	-0.05	-0.16	0.06	29.60	0.33	0.01	83.11
工作时长	亚洲国家	2	0.06	-0.04	0.16	0.88	0.24	0.00	0.00
	欧洲国家	3	0.00	-0.05	0.05	0.50	0.98	0.00	0.00
	北美国家	9	0.01	-0.01	0.04	7.56	0.34	0.00	0.00
上级支持	亚洲国家	6	0.31	0.24	0.37	15.65	0.00	0.01	68.06
	北美国家	5	0.20	0.08	0.32	39.35	0.00	0.02	89.83
工作支持	亚洲国家	2	0.25	0.12	0.37	7.31	0.00	0.01	86.31
	欧洲国家	2	0.16	0.03	0.29	0.03	0.02	0.00	0.00
	北美国家	2	0.09	-0.01	0.19	1.43	0.08	0.00	29.92
家庭友好型政策	亚洲国家	4	0.09	0.01	0.18	10.59	0.02	0.00	71.66
	北美国家	3	0.29	0.09	0.47	34.26	0.00	0.03	94.16
工作控制	北美国家	3	0.19	0.04	0.33	4.66	0.01	0.01	57.11
工作自主性	亚洲国家	2	0.21	0.11	0.29	0.63	0.00	0.00	0.00
	亚洲国家	2	0.22	0.19	0.26	0.00	0.00	0.00	0.00
	北美国家	3	0.20	0.12	0.28	14.86	0.00	0.00	86.54

表4.6(续)

变量	亚组	k	$\bar{r}$	95% CI LL	95% CI UL	Q	p	I^2	T
家庭支持	亚洲国家	5	0.14	0.06	0.21	17.29	0.00	0.01	76.86
	北美国家	5	0.20	0.12	0.29	19.66	0.00	0.01	79.65
积极情绪	欧洲国家	2	0.29	-0.02	0.55	4.58	0.07	0.04	78.16
	北美国家	4	0.40	0.30	0.49	9.72	0.00	0.01	69.13
家庭向工作的正向溢出	—	—	—	—	—	—	—	—	—
工作时长	北美国家	7	-0.01	-0.09	0.07	30.77	0.80	0.01	80.50
	亚洲国家	2	-0.03	-0.09	0.04	0.18	0.43	0.00	0.00
工作支持	欧洲国家	2	0.44	0.33	0.54	0.06	0.00	0.00	0.00
	北美国家	3	0.22	0.07	0.37	12.07	0.00	0.02	83.43
家庭支持	亚洲国家	4	0.23	-0.01	0.44	72.42	0.07	0.06	95.86
	北美国家	3	0.33	0.10	0.52	51.15	0.01	0.04	96.09

注：k = 研究个数（影响效应）；95% CI = $\bar{r}$ 的95%的置信区间；LL = 95% 置信区间的最低值；UL = 95% 置信区间的最高值；Q = Q 统计量，同质性检验统计量；p = Q 统计量的 T 值；I^2 = I^2统计量；T = 真实影响效应标准差。

表 4.7　国家文化在工作-家庭正向溢出与结果变量之间的调节作用

变量	亚组	k	$\bar{r}$	95% CI LL	95% CI UL	Q	p	I^2	T
工作向家庭的正向溢出									
工作满意度	亚洲国家	7	0.44	0.36	0.51	35.55	0.00	0.01	83.12
	欧洲国家	3	0.41	0.00	0.71	41.44	0.05	0.14	95.17
	北美国家	16	0.40	0.30	0.49	425.47	0.00	0.05	96.47
组织承诺	亚洲国家	3	0.24	0.17	0.31	1.14	0.00	0.00	0.00
	欧洲国家	2	-0.26	-0.75	0.41	39.75	0.46	0.25	97.48
	北美国家	3	0.38	0.24	0.50	8.28	0.00	0.01	75.84
工作投入	亚洲国家	6	0.34	0.23	0.44	75.44	0.00	0.02	93.37
	欧洲国家	3	0.30	0.10	0.48	26.49	0.00	0.03	92.45
	北美国家	2	0.32	0.03	0.57	4.92	0.03	0.04	79.70
离职倾向	亚洲国家	2	-0.19	-0.47	0.12	9.52	0.23	0.05	89.50
	北美国家	6	-0.15	-0.32	0.02	57.15	0.08	0.04	91.25
工作绩效	亚洲国家	2	0.34	0.26	0.41	0.62	0.00	0.00	0.00
	欧洲国家	2	0.13	-0.15	0.40	5.59	0.36	0.04	82.10
	北美国家	2	0.34	0.25	0.42	0.91	0.00	0.00	0.00
家庭满意度	亚洲国家	3	0.35	0.18	0.51	27.49	0.00	0.03	92.72
	北美国家	10	0.24	0.14	0.34	128.47	0.00	0.03	92.99

表4.7（续）

变量	亚组	k	$\bar{r}$	95% CI		Q	p	I^2	T
				LL	UL				
压力	欧洲国家	2	−0.17	−0.39	0.06	24.55	0.15	0.03	95.93
	北美国家	3	−0.13	−0.25	−0.01	9.42	0.04	0.01	78.76
家庭向工作的正向溢出	—	—	—	—	—	—	—	—	—
工作满意度	亚洲国家	2	0.42	0.34	0.49	0.63	0.00	0.00	0.00
	北美国家	9	0.22	0.11	0.33	140.60	0.00	0.03	94.31

注: k = 研究个数（影响效应）; 95% CI = $\bar{r}$ 的95%的置信区间; LL = 95% 置信区间的最低值; UL = 95% 置信区间的最高值; Q = Q 统计量, 同质性检验统计量; p = Q 统计量的 T 值; I^2 = I^2 统计量; T = 真实影响效应标准差。

而针对结果变量，结果如表 4.9 所示，相比于工作向家庭的促进（$\bar{r}$ = 0.31），当构念采用工作向家庭的增益（$\bar{r}$ = 0.52）时，工作向家庭的正向溢出与工作满意度的关系更为显著。这一结果可以通过无重合的置信区间来加以说明，当构念采用工作向家庭的增益时，工作倦怠与工作向家庭的正向溢出的关系不显著（$\bar{r}$ = -0.09, 95% CI [-0.18, 0.01]），而当构念采用工作向家庭的促进时显著（$\bar{r}$ = -0.23, 95% CI [-0.27, -0.19]）。当构念采用工作向家庭的增益时，离职意向与工作向家庭的正向溢出的关系显著（$\bar{r}$ = -0.27, 95% CI [-0.41, -0.11]），而当构念采用工作向家庭的促进时不显著（$\bar{r}$ = -0.14, 95% CI [-0.31, 0.05]）。当构念采用工作向家庭的增益时，工作绩效与工作向家庭的正向溢出的关系显著（$\bar{r}$ = 0.29, 95% CI [0.15, 42]），而当构念采用工作向家庭的促进时不显著（$\bar{r}$ = 0.2, 95% CI [-0.01, 0.39]）。当构念采用家庭向工作的增益时，组织承诺与家庭向工作的正向溢出的关系显著（$\bar{r}$ = 0.2, 95% CI [0.11, 0.29]），而当构念采用家庭向工作的促进时不显著（$\bar{r}$ = 0.22, 95% CI [-0.01, 0.42]）。当构念采用家庭向工作的增益时，生活满意度与家庭向工作的正向溢出的关系不显著（$\bar{r}$ = 0.11, 95% CI [-0.5, 0.64]），而当构念采用家庭向工作的促进时显著（$\bar{r}$ = 0.26, 95% CI [0.1, 0.40]）。然而在其他的结果变量与工作-家庭正向溢出的关系中，构念没有起到调节作用，这一结果可以根据表 4.6 中不同亚组的重合的置信区间来加以判断。因此，假设 9c 得到部分支持。

表 4.8 工作-家庭正向溢出的不同测量在工作-家庭正向溢出与前因变量之间的调节作用

变量	亚组	k	r̄	95% CI		Q	p	I²	T
				LL	UL				
工作向家庭的正向溢出									
工作心理需求	工作家庭增益	2	-0.18	-0.27	-0.08	0.27	0.60	0.00	0.00
	工作家庭促进	5	0.08	-0.05	0.21	38.00	0.00	0.14	89.47
工作时长	工作家庭增益	6	0.33	0.25	0.4	3.62	0.60	0.00	0.00
	工作家庭促进	2	-0.06	-0.15	0.02	0.01	0.92	0.00	0.00
同事支持	工作家庭增益	3	0.25	0.11	0.38	15.45	0.00	0.12	87.05
	工作家庭促进	3	0.39	0.12	0.61	33.57	0.00	0.26	94.04
上级支持	工作家庭增益	10	0.30	0.22	0.38	59.37	0.00	0.13	84.84
	工作家庭促进	3	0.19	0.15	0.23	0.64	0.73	0.00	0.00
家庭友好型政策	工作家庭增益	4	0.18	0.03	0.32	28.10	0.00	0.15	89.32
	工作家庭促进	2	0.12	0.08	0.16	0.21	0.65	0.00	0.00
工作控制	工作家庭增益	4	0.19	0.10	0.29	5.40	0.15	0.07	44.40
	工作家庭促进	2	0.14	0.03	0.24	0.64	0.42	0.00	0.00
工作自主性	工作家庭增益	2	0.19	0.12	0.26	1.82	0.18	0.03	44.93
	工作家庭促进	2	0.22	0.12	0.32	12.25	0.00	0.08	91.83
	工作家庭匹配	2	0.22	0.19	0.24	0.26	0.61	0.00	0.00

变量	亚组	k	r̄	95% CI LL	95% CI UL	Q	p	I²	T
家庭支持	工作家庭增益	4	0.19	0.04	0.34	35.18	0.00	0.15	91.47
	工作家庭促进	5	0.13	0.08	0.19	6.10	0.19	0.04	34.41
核心自我评价	工作家庭增益	2	0.29	0.13	0.43	3.82	0.05	0.10	73.85
	工作家庭促进	3	0.03	-0.09	0.14	3.08	0.21	0.06	35.14
家庭向工作的正向溢出		—	—	—	—	—	—	—	—
工作时长	家庭工作增益	3	-0.07	-0.13	0.00	0.91	0.63	0.00	0.00
	家庭工作促进	6	0.00	-0.07	0.07	27.47	0.00	0.01	81.80
	家庭向工作的溢出	2	-0.01	-0.11	0.09	0.43	0.51	0.00	0.00
上级支持	家庭工作增益	3	0.13	0.07	0.19	2.79	0.25	0.00	28.37
	家庭工作促进	3	0.22	0.15	0.28	0.21	0.90	0.00	0.00
家庭支持	家庭工作增益	4	0.23	-0.03	0.46	102.20	0.00	0.27	97.06
	家庭工作促进	4	0.36	0.18	0.51	36.27	0.00	0.18	91.73

注：k = 研究个数（影响效应）；95% CI = r 的95%的置信区间；LL = 95% 置信区间的最低值；UL = 95% 置信区间的最高值；Q = Q 统计量，同质性检验统计量；p = Q 统计量的 T 值；I² = I² 统计量；T = 真实影响效应标准差。

表4.9 工作-家庭正向溢出的不同测量在工作-家庭正向溢出与结果变量之间的调节作用

变量	亚组	k	$\bar{r}$	95% CI LL	95% CI UL	Q	p	I^2	T
工作向家庭的正向溢出									
工作满意度	工作家庭增益	16	0.52	0.45	0.58	165.46	0.00	0.17	90.93
	工作家庭促进	11	0.31	0.24	0.37	72.35	0.00	0.10	86.18
	工作家庭匹配	2	0.35	-0.01	0.63	153.67	0.00	0.27	99.35
组织承诺	工作家庭增益	4	0.42	0.27	0.55	23.05	0.00	0.16	86.99
	工作家庭促进	5	0.24	0.12	0.35	11.62	0.02	0.11	65.57
工作投入	工作家庭增益	4	0.40	0.25	0.53	62.24	0.00	0.17	95.18
	工作家庭促进	6	0.24	0.17	0.31	14.35	0.01	0.07	65.16
工作倦怠	工作家庭增益	2	-0.09	-0.18	0.01	0.08	0.78	0.00	0.00
	工作家庭促进	2	-0.23	-0.27	-0.19	0.05	0.82	0.00	0.00
离职倾向	工作家庭增益	5	-0.27	-0.41	-0.11	34.66	0.00	0.17	88.46
	工作家庭促进	4	-0.14	-0.31	0.05	10.69	0.01	0.16	71.94
工作绩效	工作家庭增益	4	0.29	0.15	0.42	19.09	0.00	0.13	84.28
	工作家庭促进	3	0.20	-0.01	0.39	11.59	0.00	0.17	82.74
家满意度	工作家庭增益	9	0.29	0.22	0.36	39.21	0.00	0.10	79.60
	工作家庭促进	6	0.22	0.09	0.35	78.80	0.00	0.16	93.65

| 变量 | 亚组 | k | $\bar{r}$ | 95% CI | | Q | p | I^2 | T |
				LL	UL				
生活满意度	工作家庭增益	2	0.52	0.46	0.58	0.06	0.80	0.00	0.00
	工作家庭促进	2	0.38	0.20	0.54	2.86	0.09	0.12	64.95
家庭向工作的正向溢出									
工作满意度	家庭工作增益	7	0.24	0.01	0.44	111.63	0.00	0.30	94.62
	家庭工作促进	6	0.24	0.14	0.33	47.92	0.00	0.11	89.57
组织承诺	家庭工作增益	5	0.20	0.11	0.29	8.61	0.07	0.08	53.54
	家庭工作促进	3	0.22	-0.01	0.42	12.01	0.00	0.18	83.35
离职倾向	家庭工作增益	4	-0.18	-0.36	0.00	20.44	0.00	0.17	85.32
	家庭工作促进	3	-0.07	-0.15	0.02	2.25	0.32	0.03	11.25
家庭满意度	家庭工作增益	7	0.44	0.31	0.56	91.39	0.00	0.20	93.43
	家庭工作促进	2	0.33	0.17	0.47	28.26	0.00	0.12	96.46
生活满意度	家庭工作增益	2	0.11	-0.50	0.64	50.99	0.00	0.47	98.04
	家庭工作促进	2	0.26	0.10	0.40	1.91	0.17	0.08	47.70

注：k = 研究个数（影响效应）；95% CI = r 的95%的置信区间；LL = 95% 置信区间的最低值；UL = 95% 置信区间的最高值；Q = Q 统计量，同质性检验统计量；p = Q 统计量的 T 值；I^2 = I^2统计量；T = 真实影响效应标准差。

4.6　研究小结

　　研究一采用元分析的方法对工作-家庭正向溢出及相关变量进行全面系统的分析，分别检验了工作-家庭正向溢出与工作-家庭负向溢出的关系，工作-家庭正向溢出与前因及结果变量之间的关系，以及工作-家庭正向溢出与结果变量的直接影响效应和交叉影响效应。此外，研究一还检验了人口统计学变量、国家文化及工作-家庭正向溢出不同构念的调节效应。

　　本书的研究结果显示，工作-家庭正向溢出与工作-家庭负向溢出是两个相互区分的概念；工作/家庭资源与工作-家庭正向溢出正相关，而除了工作超负荷与工作-家庭正向溢出负相关以外，其他类型的需求（无论是工作需求还是家庭需求）与工作-家庭正向溢出都没有显著的直接影响效应；并且，工作-家庭正向溢出对工作和家庭领域的结果变量既有领域内的直接影响，又有领域间的交叉影响，而领域内直接影响效应的强度要高于领域间交叉影响效应。

　　针对调节效应，我们发现人口统计学变量、国家文化及构念调节了工作-家庭正向溢出与一些前因及结果变量之间的关系。其中，在人口统计学的调节效应中，针对前因变量，性别在同事支持与工作向家庭的正向溢出的关系中的调节作用显著；员工的年龄在工作控制与工作向家庭的正向溢出之间的关系中起显著的调节作用；而员工的婚姻状况显著调节了家庭友好型人力资源政策与工作向家庭正向溢出之间的关系，也显著调节了家庭支持与工作向家庭正向溢出之间的关系；除此之外，孩子数目在所有关系中的调节作用都不显著，且四种人口统计学变量在家庭向工作的正向溢出与所有前因变量之间的关系中的调节作用也不显著。对于结果变量，结果显示，员工的年龄调节了组织承诺与家庭向工作的正向溢出之间的关系；员工的婚姻状况调节了工作投入与工作向家庭的正向溢出之间的关系；而孩子数目不仅调节了组织承诺与工作向家庭的正向溢出之间的关系，而且还调节了家庭满意度与家庭向工作的正向溢出之间的关系。

　　国家文化的调节作用，针对前因变量，家庭支持与家庭向工作的正向溢出之间的关系在北美国家中显著，而在亚洲国家中不显著，此结果支持了国家文化的调节作用，然而在其他的前因变量与工作-家庭正向溢出之间的关系中，国家文化的调节作用都不显著，结果部分支持国家文化在前因变量及工作-家庭正向溢出关系中的调节作用。针对结果变量，如表4.7所示，与北美国家相比，家庭向工作的正向溢出与工作满意度的关系在亚洲国家中的正相关关系更为显著，国家文化在其他的结果变量与工作-家庭正向溢出的关系中没有发现显著的调节作用。

工作-家庭正向溢出的不同构念调节了多种前因及结果变量与工作-家庭正向溢出的关系，在前因变量中，构念工作-家庭增益及工作-家庭促进调节了工作心理需求、工作时长、核心自我评价与工作向家庭的正向溢出之间的关系，也调节了家庭支持与家庭向工作的正向溢出之间的关系。而针对结果变量，构念工作-家庭增益及工作-家庭促进调节了工作向家庭的正向溢出与工作满意度、工作倦怠、离职意向、工作绩效的关系，以及家庭向工作的正向溢出与组织承诺、生活满意度的关系。假设检验结果汇总见表4.10。

表 4.10　假设检验结果汇总

序号	假设	假设检验结果
假设1：工作-家庭正向溢出与工作-家庭负向溢出（工作-家庭冲突）之间的关系	假设1a：工作向家庭的正向溢出与工作向家庭的负向溢出是两个相关但相互区分的概念	支持
	假设1b：家庭向工作的正向溢出与家庭向工作的负向溢出是两个相关但相互区分的概念	支持
假设2：工作领域前因变量与工作向家庭的正向溢出之间的关系	假设2a：工作需求与工作向家庭的正向溢出负相关。工作需求包括工作压力（生理需求、心理需求）及工作条件（工作负荷、工作时长）	部分支持
	假设2b：工作资源与工作向家庭的正向溢出正向相关，这些工作资源包括工作支持（同事支持、上级支持、组织支持），家庭友好型政策，工作弹性（工作控制、工作自主性）	支持
假设3：家庭领域前因变量与家庭向工作的正向溢出之间的关系	假设3a：家庭需求与家庭向工作的正向溢出负相关	不支持
	假设3b：家庭资源与家庭向工作的正向溢出正相关	支持
假设4：个性特征与工作-家庭正向溢出之间的关系	假设4a：负向情感及神经质人格与工作-家庭正向溢出负相关	部分支持
	假设4b：正向情感及核心自我评价与工作-家庭正向溢出正相关	部分支持

表4.10(续)

序号	假设	假设检验结果
假设5：工作向家庭的正向溢出与工作领域结果变量之间的关系	假设5a：工作向家庭的正向溢出与工作满意度及组织承诺正相关，与离职意愿负相关	支持
	假设5b：工作向家庭的正向溢出与工作投入正相关，与工作倦怠负相关	支持
	假设5c：工作向家庭的正向溢出能够正向预测积极的组织行为，包括角色内绩效和组织公民行为	支持
假设6：家庭向工作的正向溢出与家庭领域结果变量之间的关系	假设6a：家庭向工作的正向溢出与家庭满意度正相关	支持
	假设6b：家庭向工作的正向溢出与家庭绩效正相关	支持
假设7：工作-家庭正向溢出与健康型结果变量之间的关系	假设7：工作向家庭的正向溢出及家庭向工作的正向溢出与健康水平正相关，与生活满意度正相关，与感知到的压力负相关	支持
假设8：工作领域和家庭领域的直接影响效应和交叉影响效应	假设8a：工作向家庭的正向溢出对家庭领域的结果变量有交叉影响	支持
	假设8b：家庭向工作的正向溢出对工作领域的结果变量有交叉影响	部分支持
	假设8c：交叉影响较直接影响影响力度更弱，即工作向家庭的溢出对家庭领域的结果变量的影响比家庭向工作的溢出对家庭领域的影响更弱；反之亦然	支持
假设9：个人层面、国家层面及方法层面因素的调节作用	假设9a：人口统计学变量：性别、年龄、婚姻状况及孩子数目在工作-家庭正向溢出与前因及结果变量的关系中起调节作用。具体来说，对于女性、已婚人士、有子女的个体及年长者，工作-家庭正向溢出与前因及结果变量的关系更显著	部分支持
	假设9b：国家文化在工作-家庭正向溢出与前因及结果变量之间的关系中起到调节作用，特别是在亚洲国家，工作-家庭正向溢出与前因及结果变量之间的关系更为显著	部分支持
	假设9c：工作-家庭正向溢出构念的不同测量在工作-家庭正向溢出与前因及结果变量之间的关系中起调节作用	部分支持

5 工作-家庭正向溢出与个体行为作用机制研究：元分析-结构方程模型

5.1 研究目的

研究一中，我们验证了工作-家庭正向溢出与多种结果变量，包括态度型结果变量、行为型结果变量及健康型结果变量的关系。然而，一些学者认为个体的行为是由态度决定的，根据情感事件理论（affective events theory，AET 理论），学者们认为，个体的态度决定着他们的行为，应用于工作-家庭领域的研究，即工作-家庭正向溢出对于行为（如绩效、组织公民行为等）的影响是通过个体的态度（即满意度、组织承诺等）（Carlson，Kacmar，Zivnuska，Ferguson & Whitten，2011）来实现的。然而也有学者认为，个体的健康水平，包括生理健康及心理健康都有可能影响着工作场所中个体的行为（如缺勤、离职、绩效等）（Wright & Cropanzano，2000）。因此，研究二的目的在于根据研究一元分析的结果，采用元分析与结构方程模型相结合的方法（Meta-SEM）来检验工作领域的态度型结果变量（工作满意度、组织承诺等）及健康型结果变量（个体的生活满意度、总体健康水平），在工作向家庭的正向溢出与行为型结果变量（绩效、组织公民行为）之间的中介作用机制，并比较态度型结果变量与健康型结果变量在工作-家庭正向溢出与行为型结果变量之间关系的中介作用的强弱。

然而，值得一提的是，在本书的研究中我们并不关注工作-家庭正向溢出在前因变量及结果变量之间的中介作用。因为在以往的研究中，多数研究结果已经证实了工作-家庭正向溢出对前因变量及结果变量的中介效应，且多数研究的研究结论一致。例如，Baral 和 Bhargava（2010）的研究证实了工作-家庭增益（work-family enrichment）在组织干预性工作-家庭平衡政策与工作结果变量之间的中介作用；McNall、Masuda 和 Nicklin（2009）的实证研究表明工作-家庭增益（work-family enrichment）中介了弹性工作制与工作满意度及离职倾向之间的关系；再如，Nicklin 和 McNall（2013）则验证了工作-家庭增益（work-family enrichment）在社会支持与满意度的关系之间的中介作用。因此，有关工作-家庭正向溢出在前因及结果变量之间的中介作用的研究不胜枚举，所以将关注点放在检验态度型结果变量和健康型结果变量在工作-家庭正向溢出与行为型结果变量之间的中介作用，并比较两个中介效应的强弱，这或许能给我们带来更多有价值的研究结论。

此外，由于情感事件理论解释的是个体在工作场所经历的事件对于员工态度及行为的作用机制，以往的组织行为的多数研究都将关注点放在如何检验及预测"工作组织"中员工的态度及行为，也正是这样的原因使得有关家庭领域的结果变量的实证研究比较少见。因此，在检验中介效应时，我们只关注工作向家庭的正向溢出与工作领域的变量的作用机制。

5.2　理论基础

Weiss 和 Cropanzano（1996）提出的情感事件理论（affective events theory，AET 理论）解释了"情感"及"评价判断"在个体的经验及行为之间的关系中所扮演的重要角色。情感事件理论的核心在于强调个体对工作场所发生事件的情感反应决定了一个人的态度及做出的行为，并强调个体的情感反应在态度形成过程中的作用。值得注意的是，这其中涉及的情感指的是员工的心情（mood）和情绪（emotions）；而态度在情感的基础上形成，是员工基于某种情感对某件事情做出的评估及认知判断。情感事件理论认为工作满意度就是能够反映员工情感状态及情绪的一种态度。

情感事件理论的一个非常重要的假设是个体在工作场所感知到的情感影响着个体的态度，进而影响其在工作场所的行为，包括基于情感的行为和基于认知的行为（Wegge et al.，2012）。情感事件理论认为，工作满意度作为衡量个体对工作的整体评价的一种态度，解释了员工基于认知的行为（如离职等）。简单的逻辑是，员工离职是由员工对工作做出判断后做出的有意识的决定。同时，情感事件理论还认为员工基于情感的行为是由个体实际感知到的情绪态度直接决定的。组织公民行为可以被看成是一种基于情感的行为。Fisher（2002）的研究证实了情感承诺，即组织公民行为的一个维度与员工在工作场所感知到的积极情绪态度显著相关。

已有的实证研究也对情感事件理论的原理进行了检验。例如，研究者讨论了情绪型经验（emotional experience），解释了一些工作场所事件是如何影响员工满意度的（Mignonac & Herrbach，2004）、反生产行为（Spector & Fox，2002）、组织承诺（Wegge et al.，2012）及离职倾向（Zhao et al.，2007）等。

5.3　研究二假设

研究一中，我们采用元分析的方法验证了工作向家庭的正向溢出与态度型结果变量（工作满意度、工作投入、组织承诺），健康型结果变量（生活满意度、健康水平）及行为型结果变量（工作绩效、组织承诺）之间显著的相关关系。在研究二中，根据情感事件理论，除了工作向家庭的正向溢出与行为型结果变量（包括工作绩效和组织公民行为）的主效应以外，我们试图探寻工作向家庭的正向溢出与员工行为之间的关系的作用发生机制。在本部分内容中，我们根据情感事件理论及以往研究文献，做出工作满意度、工作投入、组织承诺、生活满意度、健康水平在工作-家庭正向溢出与员工行为之间的中介作用假设。

5.3.1　态度型结果变量的中介效应

5.3.1.1　工作满意度

工作行为，特别是角色内行为，通常被定义为员工在工作场所的义务行为，是由组织的正式奖励系统所规定的行为（Katz & Kahn，1978）。员工会根据自身对工作的态度来决定对角色内行为（如工作绩效）在时间及自身努力方面的投入程度，最终导致员工绩效的差异（Rosen，Levy & Hall，2006）。已有研究证实了工作态度与工作行为之间的显著相关关系，例如，Lapine、Podsakoff 和 Lapine（2005）的研究验证了工作满意度与工作绩效之间的显著预测作用。而角色外行为，如组织公民行为定义为"不是由组织的正式奖励系统所定义的、可以帮助组织有效运作的、可自由支配的个人行为"（Organ，1988），如利他行为、较强的责任心等（Smith，Organ & Near，1983）。Fisher（2002）的研究验证了工作满意度与组织公民行为的相关关系。

情感事件理论在某种程度上为工作向家庭的正向溢出与行为的作用机制研究提供了理论基础。情感事件理论提示我们，工作向家庭的正向溢出可以通过正向影响员工对工作的积极情感（positive mood），影响员工的态度（工作满意度），进而影响员工的行为（工作绩效）。其中的逻辑在于，当员工享受到如支持性工作环境所带来的福利及经验，并且这些资源溢出到家庭领域时，员工更可能经历积极情绪的状态（Greenhaus & Powell，2006；Voydanoff，2001），这种积极情绪能够正向影响员工的工作态度，使得员工有较高的工作满意度；在较高的工作满意度的评估基础上，员工更倾向于以高绩效水平来回馈组织，同时表现出高水平的组织公民行为。

5.3.1.2　工作投入

工作投入被定义为"一种积极的、在工作上充满抱负的精神状态，以充满活力、富于奉献精神、专注为特点"（Bakker，Schaufeli，Leiter & Taris，2008；Schaufeli，Salanova，Gonzalez-Roma & Bakker，2002）。我们预期，工作向家庭的正向溢出可以通过更高水平的工作投入影响员工的角色内行为（工作绩效）及角色外行为（组织公民行为）。根据情感事件理论，工作向家庭的正向溢出作为一种积极的情感事件，能够改善员工的心情及情绪，而积极的心情能够使员工以更加饱满的精神状态专注于工作，并在工作中表现出更多的活力及热情，进而提高员工的工作绩效。同时员工在工作中也能表现出更多的奉献精神，显现出更多的角色外组织公民行为。

5.3.1.3　组织承诺

组织承诺被定义为"体现员工和组织之间关系的一种心理状态，隐含了员工对于是否继续留在该组织的决定"（Meyer & Allen，1991）。我们预期，工作向家庭的正向溢出会通过高水平的组织承诺影响员工的绩效及组织公民行为。其基本逻辑在于，当个体经历工作向家庭的正向溢出时，个体会对工作产生积极的态度，而对工作积极的态度可以帮助个体获得更多的资源来应对压力性环境，员工也倾向于回馈组织以高水平的组织承诺（Brough，O'Driscoll & Kalliath，2005；Hunter，Perry，Carlson & Smith，2010），进而在工作领域表现出更高的绩效水平（Cohn，Fredrickson，Brown，Mikels & Conway，2009），据此，我们提出假设：

假设1：态度型结果变量（工作满意度、工作投入、组织承诺）在工作向家庭的正向溢出与工作绩效及组织公民行为的关系中起中介作用。

5.3.2 健康型结果变量的中介效应

5.3.2.1 生活满意度

生活满意度，作为衡量个体总体幸福感的重要因素，得到了以往研究学者的广泛关注（Karatepe & Bekteshi，2008；Lu et al.，2009）。研究学者认为，工作向家庭正向溢出产生的积极情感可以提高个体在应对压力环境时的复原能力，提高其整体生活满意度（Sumer & Knight，2001）。我们预期，工作向家庭的正向溢出也能够通过生活满意度正向影响员工的工作绩效和组织公民行为。由工作向家庭正向溢出引起的高水平的生活满意度使得员工经历高水平的幸福感，而高水平的幸福感可以帮助个体以更加积极的心态投入到工作中，表现出高水平的工作绩效和更多的角色外行为。

5.3.2.2 健康水平

已有研究认为，工作向家庭正向溢出产生的资源包括精力、时间和积极的情绪可以改善个体的生理健康（Van Steenbergen & Ellemers，2009）及心理健康水平（Gareis，Barnett，Ertel & Berkman）。而个体如果在生理健康和心理健康方面都维持着好的状态，那么个体能够以更加饱满的精神状态及更加积极的心态应对工作中的各种压力，表现出更高水平的绩效；同时与同事及上下级维持更加健康的人际关系，从而表现出高水平的角色外行为（组织公民行为）。

假设2：健康型结果变量（生活满意度、健康水平）在工作向家庭的正向溢出与工作绩效及组织公民行为的关系中起中介作用。

5.3.3 态度型结果变量与健康型结果变量的中介效应比较

综上所述，根据情感事件理论的观点，有些学者们认为，工作-家庭正向溢出可以通过态度的作用而进一步影响员工的绩效及组织公民行为（Carlson et al.，2011）。个体因感知工作向家庭的正向溢出而获得的积极情感，可以促使个体对工作组织有积极的评估，从而对组织产生更多积极的态度。而员工倾向于以提高绩效及角色外行为（组织公民行为）来回馈对组织的满意程度。然而，也有学者认为，个体的健康水平，包括生理健康及心理健康都有可能影响着工作场所中个体的行为（如缺勤、离职、出勤率等）（Wright & Cropanzano，2000）。已有研究分别检验了心理健康以及工作满意度对于工作绩效的影响。例如，Wright 和 Cropanzano（2000）以47个服务型行业的员工为样本，经研究发现，比起工作满意度，员工的总体健康水平能够更好地预测员工的绩效。因此，我们推断态度型结果变量（如工作满意度）及健康型结果变量（如总体健康水平）都能够中介工作–家庭正向溢出与行为结果变量（工作绩效）之间的关系，且健康水平对于工作–家庭正向溢出与工作绩效的中介作用更为显著。

假设3：健康型结果变量比态度型结果变量在工作向家庭的正向溢出与工作绩效及组织公民行为之间的中介作用更为显著。

5.4 数据处理与分析

5.4.1 结构方程模型的相关系数矩阵的构建

如前所述，在对用于结构方程模型的相关系数矩阵进行构建时，本书主要采用以下三个步骤：首先，收集关于工作–家庭正向溢出的已有的元分析文献，并将已有元分析文献中与本书研究相关的变量的研究个数（K）、样本量（N）、去除误差的修正相关系数（r）、相关系数的置信区间以及文献来源（作者、年份）进行编码。在这一步骤中，我们尽量将相关系数矩阵的所有单元填满，但是我们并没有得到一个完备的相关系数矩阵，因此，我们继续第二步的操作，即对本书进行元分析的文献库进行二次利用，在已有文献库中搜集结构方程模型中涉及变量的相关系数、样本容量及各变量的信度，进行编码后进行一个迷你元分析以得到剩余变量去除误差的"真实"相关系数，并将其填入目标相关系数矩阵中。但不幸的是，这一轮的搜集及整理还是没有将相关系数矩阵的所有相关系数填满。在第三步中，我们重复做上述元分析时的工作，在如前所述的文献收集过程中尽可能地收集文献，即遵循 McNall 等（2012）的元分析方法，首先在数据库 Web of Science（SSCI）、EBSCO、ABI/INFORM、ERIC、PsycINFO 和 Scopus 中搜索了摘要、关键词，标题中包括 work–family enrichment、work–family facilitation、work–family enhancement、work–family positive spillover、work–family fit 等关键字。随后，根据 Rothstein 和 Hopewell（2009）的建议，我们在数据库 PsycINFO/Dissertation 和 ProQuest 中利用上述关键字搜集研究报告、书籍著作的章节、工作底稿等。我们在 SCOPUS、PsycINFO 和 Web of science（SSCI）等数据库中搜寻与研究议题相关的会议论文，并在国内外顶级期刊上搜索文献，查缺补漏。最后，我们根据经典的回顾类文章进行核对，主要的参考文献包括 Sieber（1974）、McNall 等（2012）以及 Greenhaus 和

Powell（2006）。文献收集完毕后，重复第二步中的动作，即对结构方程模型中涉及变量的相关系数、样本容量及各变量的信度进行编码后进行一个迷你元分析以得到剩余变量去除误差的"真实"相关系数，并将其填入目标相关系数矩阵中。

在二次收集文献的过程中，我们共收集文献 112 篇，经过筛选后，有效文献为 53 篇，其中包括元分析文献 10 篇，实证研究 43 篇。经过以上步骤的整理和构建，我们得到了结构方程模型中涉及的所有变量的完备的相关系数矩阵，如表 5.1 所示。

本书中，我们采用"product of coefficient"的方法来检验并列多中介效应模型（Preacher & Hayes，2008），即在同时检验多个变量的中介作用时，在同时给定其他变量中介作用的情况下，检验每个中介变量的间接效应。研究学者普遍认为这种方法比 Baron 和 Kenny（1986）检验中介效应的方法有更高的统计效力。最后，利用参数估计的结果，我们采用 Sobel 检验方法来检验每个中介变量的显著性。在本书中，我们采用最大似然估计方法及 LISREL 8.7 来估计结构方程模型的多变量的中介效应的路径系数及直接效应和间接效应。

5.4.2 分析策略：元分析-结构方程模型

5.4.2.1 结构方程模型

在过去的研究中，结构方程模型被广泛应用于多个领域，包括医药学、心理学、社会学、经济学、教育、人文、政治科学乃至生物和人类健康的研究等。与传统的统计学方法，如多层回归、ANOVA、路径分析和跨层模型相比，结果方程模型有着自身独特的优点，这些优点包括可以将测量误差包括在模型中，不受测量误差的限制，模型可以同时包括多个因变量，可以检测模型的整体拟合程度，估计变量间的总效应、直接效应及间接效应，检验复杂的研究假设，还可以应用于更为复杂的数据类型（如包括自相关误差的时间序列数据、非正态分布的数据以及分类变量等），同时也可以检测不同样本的参数恒等性。

表 5.1 中介作用检验的相关系数矩阵

变量	工作向家庭的正向溢出	工作满意度	组织承诺	工作投入	生活满意度	整体健康水平	工作绩效	组织公民行为
工作向家庭的正向溢出	1							
k, N								
工作满意度	0.41[a]	1						
k, N	33, 72 684							
组织承诺	0.23[a]	0.65[a]	1					
k, N	12, 4 824	69, 23 656						
工作投入	0.32[a]	0.53[c2]	0.53[c1]	1				
k, N	11, 12 236	20, 9 725	16, 3 265					
生活满意度	0.46[a]	0.55[b]	0.13[c6]	0.158[c8]	1			
k, N	4, 830	8, 2 035	20, 5 866	6, 1 282				
整体健康水平	0.14[a]	0.312[c3]	0.18[c6]	−0.07[c8]	0.7[b]	1		
k, N	4, 2 020	485, 267 995	18, 5 251	5, 951	5, 4 269			
工作绩效	0.25[a]	0.3[c4]	0.16[c1]	0.43[c2]	0.17[c9]	−0.08[c10]	1	
k, N	7, 1 853	312, 54 471	25, 5 983	14, 4 562	27, 9 001	15, 33 181		
组织公民行为	0.22[a]	0.24[c5]	0.2[c7]	0.5[c8]	0.6[c9]	−0.21[b]	0.6[c11]	1
k, N	3, 448	72, 7 100	54, 5 133	6, 1 395	72, 21 881	3, 1 208	72, 21 881	

注: k: 研究个数; N: 总样本数; 上标 a 表示本书已有元分析中得到的"真实相关系数"; 上标 b 表示利用二次文献搜索, 并进行迷你元分析得到的"真实相关系数"; 上标 c 表示前人已有元分析研究得到的"真实"相关系数。分别为: c1: Meyer, Stanley, Herscovich and Topolnytsky (2002); c2: Christian, Garza and Slaughter (2011); c3: Faragher, Cass and Cooper (2005); c4: Judge, Thoresen, Bono and Patton (2001); c5: Dalal (2005); c6: Paul and Moser (2006); c7: LePine, Erez and Johnson (2002); c8: Brown (1996); c9: Hoffman, Blair, Meriac and Woehr (2007); c10: Ford, Cerasoli, Higgins and Decesare (2011); c11: Podsakoff, Whiting, Podsakoff and Blume (2009)。

结构方程模型最早源于因子分子和路径分析（或者联立方程组），通过将测量（因子分析）和结构化方法（路径分析）相结合，一种更为一般化的分析方法应运而生，即结构方程模型（Wiley，1973）。在结构方程模型中，不可观测的潜变量需要通过可观测的因子估计得到，且结构方程模型关注的是潜变量之间关系的估计检验（Bentler，1983）。具体来说，结构方程模型是一种建立、估计和检验因果关系模型的方法。模型中涉及的变量可以是显变量（可直接观测的变量），也可以是潜变量（不可直接观测的变量），与多层回归相比，结构方程模型有潜在的优越性，结构方程模型不仅可以分析单个因子与潜变量的关系，还可以分析各个因子之间的相互关系，并且结构方程模型也可以同时处理含有多个因变量的模型，能够对不同的理论模型进行评价，根据估计参数对模型进行修正，找到最优模型。而与探索性因子分析不同的是，利用结构方程模型可以做验证性因子分析，即拟定因子结构，并检验该因子结构是否与数据吻合，保证潜变量在研究中的测量效度。此外，我们可以利用多组验证性因子分析还了解不同组别内各变量的关系是否存在差异，以及各因子的均值是否存在显著的不同等。

结构方程模型关注的主要问题在于，施加约束条件后，变量间的协方差是否有足够的变化。在进行数据分析之前，研究者也必须清楚地定义模型（Hoyle，2012）。在假定的模型当中，研究者不仅要关注可以自由估计的路径，而且也要关注那些被设定为 0 的路径。当有约束条件的模型与数据相匹配时，说明模型有较好的拟合程度；反之则拟合的较差。

结构方程的两个最基本的应用是验证性因子分析（CFA）和结构化回归模型（structural regression model）。在验证性因子分析的应用中，研究者主要验证的是潜变量与显变量之间的关系。不同于主成分分析，验证性因子分析的前提是研究者已经对所有题项和潜变量之间的关系有预先的设定。而结构化回归模型则检验的是可观测变量和不可观测变量（潜变量）之间的关系，这种模型通常检验的也是因果关系，虽然多数的数据都不支持这样的检验。

与元分析方法相同的是，结构方程的分析结果也取决于样本的质量、研究设计及测量方法。但是也有学者指出，目前仍有很多推断因果关系的模型是依赖横截面数据（Stone-Romero & Rosopa）的，尽管横截面数据的特性根本不允许我们做因果推断。纵向数据的收集确实耗时耗力，但研究者提出，我们必须注意的是研究设计将直接影响着我们从数据分析结果中推断出的结论。

在谈及结构方程模型时，足够的信息指的是样本容量，或者指的是模型的识别问题。就样本容量来说，有多少个研究个案是足够的呢？这个问题一直备受关注的原因是：样本容量直接决定了参数估计的标准误差的大小。在同等条件下，越多的研究个案就意味着越小的标准误差。当然，估计参数的个数也是我们必须考虑的问题。根据 Kline（2011）的建议，样本容量可以根据模型的复杂程度来计算。Jackson（2003）指出样本容量与估计参数的比例应该是20∶1，但是通常来讲，10∶1 也是被普遍接受的。也有学者建议最好的方法是用统计效力分析来决定最适合的样本容量（Preacher & Coffman 2006）。

而模型识别问题关注的是在给定的模型当中，方差/协方差矩阵与估计参数的个数是否匹配的问题。也就是说，在研究设计的过程当中，目标模型必须能够提供足够的信息以对假设的路径进行估计。当模型提供的信息恰好等于估计参数的个数时，模型恰好被识别；当估计参数的个数小于模型提供的信息时，模型被过度识别；当估计参数的个数多于模型提供的信息时，模型不能被识别。在这种情况下，模型无解或者得不到唯一解。因此，在模型设计的过程当中，模型应当是恰好识别的或者是过度识别的。

5.4.2.2 元分析-结构方程模型

Viswesvaran 和 Ones（1995）提出将元分析和结构方程模型相结合（MASEM）的方法，他们建议用心理测量元分析的方法来估计同一构念的不同测量方法之间的真实相关系数，特别是建议检验每一个构念在一个共同的潜变量上的负荷程度。在建立测量模型的基础之上，采用元分析的方法来估计构念间的真实相关系数，研究者可以估计相关研究变量的所有"真实"相关系数并检验调节变量的显著性；然后，使用元分析所得到的相关系数矩阵来构建结构方程模型。假定的模型必须是特定的（施加约束条件的）、可检验的，结果可以被理解的。重要的是，在使用 Viswesvaran 和 Ones（1995）推荐的方法时，研究者需要确定一系列问题，如样本容量、模型估计方法、怎样处理缺失值、成对的输入相关系数矩阵，使用相关系数矩阵而不是方差/协方差矩阵进行分析。

Cheung 和 Chan（2005）提出了元分析-结构方程模型的两步法（TSSEM）。第一步，检验相关系数的同质性，并计算出一个全相关系数矩阵和一个渐近协方差矩阵，目的是检验是否有显著的同质性存在。在步骤一中使用多组验证性因子分析来检验在 k 个研究当中输入的相关系数矩阵或者是协方差矩阵是否不同。这个过程要求第一个矩阵必须是完备的（即所有变量的相关系数都是完备的）。这时我们需要比较的是施加了约束条件的模型和没有施加约束条件的模型的拟合程度。如果这些模型的拟合程度没有显著的区别，那么就接受同质性的假设，就可以进行步骤二中的结构方程模型分析。如果这些模型有显著的不同，则说明同质性存在于模型中，此时研究者需要进一步处理。例如，研究者需要将研究分为不同的相似的亚组，然后进行结构方程模型分析。在步骤二中，针对输入的相关系数矩阵和渐进协方差矩阵，研究者需要使用渐进自由分布的方法来估计模型。这种方法需要较大的样本。Cheung 和 Chan（2005）提倡使用所有研究个案的全部样本容量来进行分析。

采用元分析-结构方程模型方法的一个重要问题是完成相关系数矩阵的输入。Cheung 和 Chan（2005）提出了如下建议来构建相关系数矩阵：首先，收集已发表的涉及相关变量的文献。我们需要尝试构建一个"真实"相关系数的矩阵，已有的元分析为我们提供了相关有用的信息，如果在这一步能够将相关系数矩阵的所有单元格填满，那么我们就不需要进行下面的步骤。其次，使用本书中现有数据库中的信息重新编码相关系数矩阵，并进行一个迷你的元分析。也就是说，第一步中未填满的相关系数单元格中的一部分可以由研究已有数据库中的信息来填补。如果这一步能够将所有空单元格填满，就无需进行下一步。最后，如果第一步和第二步还是没有将相关系数矩阵的所有单元格填满，那么在第三步我们需要再次收集以往研究的相关文献并对相关系数进行编码，然后进行一个迷你的元分析，以完成相关系数矩阵的构建。

在本书中，我们采用 Viswesvaran 和 Ones（1995）的方法来进行元分析-结构方程模型的分析，原因主要有以下几点：首先，Cheung 和 Chan（2005）的研究方法对样本要求较为严格，此研究方法要求所采用的相关系数矩阵或者方差/协方差矩阵必须是正定的，且 TSSEM 对样本容量有一定的限制要求，所要求的样本量要比 MASEM 方法多。其次，就分析软件来讲，进行 TSSEM 所用的分析软件比较特殊，早先进行 TSSEM 分析可以采用 LISREL 软件来进行分析，近年来，OpenMx 开始成为比较流行的分析软件，而相对于 MASEM 方法，通常的结构方程模型分析软件，如 AMOS、EQS 或者是 MPlus 都可以被研究者所使用，所以相对于 TSSEM，MASEM 的使用在软件方面更加不容限制。最后也是最重要的一点是，TSSEM 对数据有较为严格的要求，如果采用 TSSEM，那么研究中至少有一项研究个案提供了相关变量比较完备的相关系数矩阵。如果研究者所进行的研究主要关注"测量导向的模型"时（Klein et al., 2001），那么采用 TSSEM 最为适合。然而在利用元分析的方法对相关系数矩阵进行构建时，多数的情况是现有研究的文献库不能为我们提供所有变量的相关系数矩阵，所有研究者需要自己再进行二次编码及元分析才能够得到完备的相关系数矩阵。所以，基于以上原因，本书采用 Viswesvaran 和 Ones（1995）的方法来进行元分析-结构方程模型的数据分析。

5.5　研究结果

在检验研究二中介作用假设时，我们遵循 Earnest、Allen 和 Landis（2011）发表在 Personal Psychology 上做法，该研究采用元分析-结构方程模型检验了五个并列的中介因素在实际工作预览与离职之间的中介作用。他们根据 Viswesvaran 和 Ones（1995）提出的将元分析和结构方程模型相结合（MASEM）的建议，以及 Preacher 和 Hayes（2008）的多中介结构方程模型检验方法来检验。

假设 1 指出态度型结果变量在工作-家庭正向溢出与工作绩效的关系中起中介作用。假设 2 指出，健康型结果变量在工作-家庭正向溢出与工作绩效的关系中起中介作用。而假设 3 认为，健康型结果变量比态度型结果变量在工作-家庭正向溢出与工作绩效之间的中介作用更为显著。当工作绩效为因变量时，如图 5.1 所示，模型的拟合指数分别为 RMSEA = 0.08，NFI = 0.93，CFI = 0.93。通过各个变量的间接效应分别为 $a_1b_1 = 0.0013$，$Z = 5.44$，$P < 0.01$（通过工作满意度）；$a_2b_2 = 0.0024$，$Z = 0.996$（通过组织承诺）；$a_3b_3 = 0.0559$，$Z = 12.44$，$P < 0.01$（通过工作投入）；$a_4b_4 = 0.0378$，$Z = 4.59$，$P < 0.01$（通过生活满意度）；$a_5b_5 = 0.008$，$Z = 1.99$，$P < 0.05$（通过健康水平）。因此，由此结果可以推断，工作满意度、组织承诺、工作投入、生活满意度及健康水平在工作-家庭正向溢出与工作绩效之间关系的中介作用中，工作满意度（$Z = 5.44$，$P < 0.01$）、工作投入（$Z = 12.44$，$P < 0.01$）、生活满意度（$Z = 4.59$，$P < 0.01$）及健康水平（$Z = 1.99$，$P < 0.05$）的中介作用是显著的。

当因变量为组织公民行为时，如图 5.2 所示，模型的拟合指数分别为 RMSEA = 0.05；NFI = 0.95；CFI = 0.95。通过各个变量的间接效应分别为 $a_1b_1 = 0.0015$，$Z = 2.57$，$P < 0.05$（通过工作满意度）；$a_2b_2 = 0.002$，$Z = 3.12$，$P < 0.05$（通过组织承诺）；$a_3b_3 = 0.022$，$Z = 9.6$，$P < 0.01$（通过工作投入）；$a_4b_4 = 0.0036$，$Z = 1.98$，$P < 0.05$（通过生活满意度）；$a_5b_5 = 0.0021$，$Z = 2.75$，$P < 0.01$（通过健康水平）。因此，由此结果可以推断，工作满意度、组织承诺、工作投入、生活满意度及健康水平都中介了工作-家庭正向溢出与组织公民行为之间的关系。因此，假设 1 得到部分支持，假设 2 得到全部支持。而对于假设 3 来说，根据结果我们可以看到，无论结果变量是工作绩效还是组织公民行为，工作投入在工作-家庭正向溢出与行为型结果变量的关系中的间接影响最

大。但遗憾的是，目前的数据结果仍然无法判断态度型结果变量及健康型结果变量的中介关系孰强孰弱。因此，这留给我们一个尚未解决的问题，即在工作-家庭正向溢出与行为型结果变量（例如工作绩效及组织公民行为）的关系中，到底态度型变量（如工作满意度、组织承诺、工作投入）的影响效应显著还是健康型变量（如生活满意度及健康）的影响效应显著？

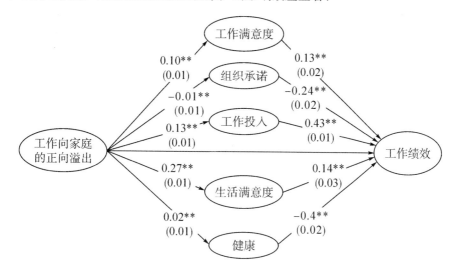

图 5.1　当结果变量是工作绩效时，各变量的中介效应

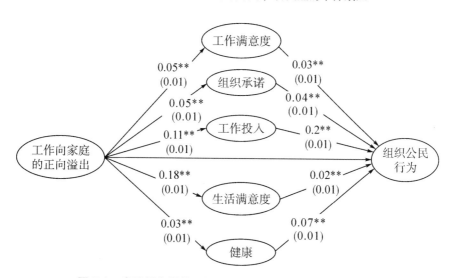

图 5.2　当结果变量是组织公民行为时，各变量的中介效应

5.6　研究小结

　　研究二利用元分析-结构方程，检验了态度型和健康型结果变量在工作-家庭正向溢出与行为型结果变量间的中介作用。在态度型结果变量与健康型结果变量的中介效应结果中，我们发现当结果变量是工作绩效时，除了组织承诺以外，工作满意度、工作投入、生活满意度和健康水平都中介了工作-家庭正向溢出与工作绩效之间的关系；而当结果变量为组织公民行为时，无论是态度型结果变量还是健康型结果变量，都中介了工作-家庭正向溢出与组织公民行为的关系。无论是工作绩效还是组织公民行为，在所有变量的中介作用中，工作投入对工作-家庭正向溢出与工作绩效和组织公民行为的间接影响都是最大的。

6 结果讨论与思考

本书的研究一系统回顾了工作-家庭正向溢出的前因及结果变量，并检验了不同层次的调节变量对工作-家庭正向溢出与前因及结果变量的关系的影响。结果显示，工作-家庭正向溢出与工作-家庭负向溢出是两个相互区分的概念；工作/家庭资源与工作-家庭正向溢出正相关，而工作/家庭需求除了工作超负荷以外，与工作-家庭正向溢出的相关关系并不显著；并且工作-家庭正向溢出对工作和家庭领域的结果变量既有直接影响，也有交叉影响。针对调节效应，我们发现人口统计学变量、国家文化及构念调节了工作-家庭正向溢出与一些前因及结果变量之间的关系。

研究二，在态度型结果变量与健康型结果变量的中介效应结果中，我们发现当结果变量是工作绩效时，除了组织承诺以外，工作满意度、工作投入、生活满意度和健康水平都中介了工作-家庭正向溢出与工作绩效之间的关系；而当结果变量为组织公民行为时，无论是态度型结果变量还是健康型结果变量，都中介了工作-家庭正向溢出与组织公民行为的关系。无论是工作绩效还是组织公民行为，在所有变量的中介作用中，工作投入对工作-家庭正向溢出与工作绩效和组织公民行为的间接影响都是最大的。

6.1 研究结论

自 Greenhaus 和 Powell（2006）提出工作和家庭促进的模型开始，近几年来，工作-家庭正向溢出的实证研究有显著的进展，为研究者提供了很多有益的结论。已有实证研究检验了多种前因变量、结果变量与工作-家庭正向溢出之间的相互关系。也有部分研究检验了情景条件或边界条件对工作-家庭正向溢出与相关变量之间关系的影响。但是，以往研究仍然存在很多不一致的研究结论。据我们所知，目前还没有一项研究对工作-家庭正向溢出及相关变量以定量的方法进行全面系统的总结和回顾。因此，在总结回顾以往实证研究的基础之上，我们对本书的研究结果进行讨论，并阐述本书的理论贡献及管理实践启示。

6.1.1　工作-家庭正向溢出与工作-家庭负向溢出的关系

本书为证明工作-家庭正向溢出的区分效度提供了有力的元分析证据。以往研究在讨论工作-家庭正向溢出与工作-家庭负向溢出（即工作-家庭冲突）的关系时也有不一致的结论。例如，有些学者认为工作-家庭正向溢出与工作-家庭负向溢出是同一个构念的两种不同表现，即工作-家庭正向溢出与工作-家庭正向溢出是一个连续谱的两个极端，工作-家庭正向溢出的反面就是工作-家庭负向溢出。然而，Vieira、Lopez 和 Matos（2014a）指出，当他们将工作-家庭促进的 6 个维度与工作家庭冲突的 6 个维度相比较时，两者有较低的相关性。他们的研究结果显示，在两个构念的 12 个相关系数中，11 个相关系数都不显著。我们的研究结果也得出了相似的结论，元分析结果表明，工作-家庭正向溢出与工作-家庭冲突仅有较弱的相关性，因此工作-家庭冲突与工作-家庭正向溢出是两个完全不同的概念，而不是同一概念的两个极端。也就是说，工作-家庭正向溢出的反面不是工作-家庭负向溢出，而是没有或者较低程度的工作-家庭正向溢出；反之，工作-家庭负向溢出也是如此。

6.1.2　工作-家庭正向溢出与前因变量及结果变量的关系

第一，以往的研究在讨论工作-家庭正向溢出与前因及结果变量的关系时呈现出不一样的结论。例如，Wayne 等（2004b）利用 2 130 个来自美国的被试样本发现，家庭向工作的正向溢出与工作满意度没有显著的相关性。然而，Lu 等（2009）的研究采用了 189 个来自中国的样本，结果发现家庭向工作的溢出与工作满意度显著正相关（$r=0.26$，$p<0.01$）。两项研究采用东西方不同样本而导致不同的研究结论提示我们，可能存在国家层面的调节因素影响着工作-家庭正向溢出与相关变量的关系。在本书的研究中，我们预期国家层面的文化特征在工作-家庭正向溢出和前因及结果变量的关系中充当调节变量的作用。我们的元分析研究结果也恰恰为我们提供了很好的证据，在我们的研究结果中，家庭向工作的正向溢出与工作满意度的关系在亚洲国家比欧美国家更显著。因此，这一研究结论提示我们，以往工作-家庭关系的研究多数都是在西方文化背景下进行的，近年来，随着我国经济社会文化的不断发展，以及对工

作-家庭关系的逐渐重视，学者们逐渐以中国乃至亚洲其他国家为样本来研究工作和家庭之间的相互作用关系。中西方国家的个体所处的经济发展阶段不同，文化历史背景不同，社会价值观念也不同，进而导致不同国家的人们工作生活方式有所不同。因此，在对待工作-家庭问题的态度及行为反应上理应存在着差异。研究者也有必要对不同的国家的样本针对同一个问题进行跨样本的比较，这也有助于我们对工作-家庭关系问题进行细致和更加深入的探讨。

正如我们在"理论背景"部分论述的那样，在以往不一致的研究结论中，有学者认为，工作需求能够显著地负向预测工作向家庭的正向溢出（Isabel，Demerouti，Moreno-Jimenez & Mayo，2010），而 Grzywacz 和 Marks（2000）的研究却没有发现工作需求与工作向家庭的正向溢出有显著的预测关系。此外，Wayne、Randal 和 Stevens（2003）的研究结果认为工作向家庭的正向溢出能够显著地负向预测离职倾向，而 Fisher-McAuley 等（2003）的研究却没有发现工作向家庭的溢出与离职倾向相关的任何证据。而我们的研究结果显示，工作-家庭正向溢出的不同测量构念调节了工作向家庭的正向溢出与工作需求的关系，同时工作-家庭正向溢出的不同测量构念也调节了工作向家庭的正向溢出与离职倾向的关系。因此，这一研究结果对于解释这些不一致的研究结论有着非常重要的意义。可能正是由于以往研究者在测量的过程中采用了不同的构念，才引起了研究结果的不一致。

第二，虽然工作家庭资源与压力与工作-家庭正向溢出的关系得到了研究者广泛的关注，但是少有研究对工作-家庭正向溢出的前因变量的相对重要性进行讨论。本书的研究结果显示，相比于个体感知的工作和家庭场所的压力，个体接收到的资源与工作-家庭正向溢出更相关。也就是说，工作和家庭领域的资源更能促使员工感受到工作-家庭正向溢出。我们从本书中的结果可以看到，除了工作超负荷，其他任何一种工作和家庭场所的压力（包括工作心理需求、工作生理需求、工作时长以及家庭需求）与工作-家庭溢出的直接影响效应都不显著。与此形成鲜明对比的是，所有类型的工作和家庭场所的资源（包括同事支持、上级支持、组织支持、家庭友好型人力资源政策、工作控制、工作自主性及家庭支持）都与工作-家庭正向溢出显著相关，此结果也为支持已有的实证研究结论提供了有力的元分析结果证据，即与需求相比，资源更能引起员工的工作-家庭正向溢出（Colton，Hammer & Neal，2002；Grzywacz & Marks，2000）。并且值得注意的是，同事支持比上级支持对工作-家庭正向溢出的影响更为显著。一种基于认同观点的可能的解释为，与上级相比，个体与同事之间有更高的关系认同，比起上级管理者，员工与同事在一个社会群组当中。而这种更为强烈的关系认同可促使同事支持对员工的工作-家庭正向溢出有更为强烈的影响（Ferguson, Carlson, Zivnuska & Whitten, 2012）。关系认同越强烈，员工越有可能从关系中得到有用的资源，而这种资源可以提高员工平衡工作和家庭生活的能力。

第三，虽然工作和家庭领域的资源是影响工作-家庭正向溢出的前因变量这一事实已经得到研究者们的广泛的认同，但是长久以来，个体的个性特质对于工作-家庭正向溢出的影响却被研究者们所忽视（Michel et al., 2011b）。本书的研究发现，无论是积极的个性特质还是消极的个性特质都显著地影响着工作-家庭正向溢出。在考虑工作-家庭关系时，员工的个性特质是不容忽视的影响因素，由于影响效应（effect size）的限制，在本书的研究中，我们只考虑了四种个性特质，即两种正向的个性特征（包括积极情绪、核心自我评价）和两种负向的个性特征（包括消极情绪和神经质人格）对于工作-家庭正向溢出的影响。然而，在影响工作-家庭关系的研究中，还有其他多种可能影响工作-家庭正向溢出的个性特征（如自我效能感、五大人格因素等），随着未来实证研究数量的增多，研究者可以继续利用元分析结果，探讨其他个性特征对于工作-家庭正向溢出的影响。

第四，虽然在前因变量与工作-家庭正向溢出的关系中，我们没有假设交叉效应的影响，但是我们也得出了有趣的结论，工作资源（如同事支持、上级支持及工作自主性）都对家庭向工作的正向溢出有显著的影响。类似的，家庭支持对工作向家庭的溢出有显著的影响。交叉影响的产生也许是因为工作和家庭之间相互作用的双向影响使得积极的或者消极的状态可以在领域间互相传递。具体来说，有两种可能的解释机制，第一，工作领域和家庭领域之间的良性互动，工作或者家庭领域的前因变量直接引起工作向家庭的正向溢出，也能够直接引起家庭向工作的正向溢出。另一种机制为，由工作领域或者家庭领域的前因引起的工作向家庭的正向溢出会引起工作领域或者家庭领域的正向的结果变量，从而进一步引起家庭向工作的正向溢出。更加有趣的是，在讨论资源与压力对工作-家庭正向溢出的交叉影响时得到了与直接影响类似的结论，即工作和家庭领域的资源比压力对工作-家庭正向溢出有更为显著的交叉影响效应（Grzywacz & Marks, 2000）。

而针对结果变量，我们也得到了有趣的发现。McNall 等（2010）的研究发现工作和家庭领域的直接影响要强于交叉影响，而我们的研究也得出了类似的结论，即工作和家庭领域的直接影响要强于领域间的交叉影响。然而，相比于McNalll 等 2010 年的研究，我们有更深入的发现，即这一研究结论仅在态度型结果变量中比较显著，而在行为型结果变量中却没有类似的发现。可能的解释为，态度型结果变量属于工作-家庭正向溢出的直接结果变量，而行为型结果变量属于工作-家庭正向溢出的间接结果变量，会受到更多情景因素的影响（Ajzen & Fishbein，1977）。例如个体的行为可能受到组织氛围等诸多情景因素的影响，即相比于态度型结果变量，行为型结果变量由更多的因素所决定。这一研究结论也提示我们，在讨论个体的行为时，不仅要考虑个体的态度，其他的一些方面（如个体的个性特征、文化背景、所处环境因素等）也是研究者需要考虑的影响个体行为的重要因素。

6.1.3　调节因素的影响效应

我们发现，在前因变量及结果变量与工作-家庭正向溢出的关系中，国家文化的调节作用不那么显著，即国家文化在多数前因及结果变量与工作-家庭正向溢出的关系中都不起调节作用。之所以出现这样的结果，可能的原因在于国家文化的调节作用也可能受到本书未观测到的其他组织及国家层面因素的影响，例如组织中涉及家庭的人力资源政策及政府颁布的劳动及雇佣法的影响。这些因素都对国家文化及工作-家庭正向溢出有着潜在的影响。由于个体在不同的社会环境中对工作和家庭领域的资源及压力的反应也不尽相同，因此，未来的研究可以从国家层面的因素（如经济因素、政府政策因素等）入手，探讨其对工作-家庭正向溢出及相关变量的影响。此外，在我们的研究中，人口统计学变量调节了工作-家庭正向溢出与部分前因及结果变量之间的关系。为避免研究结论的偏误，我们在进行工作-家庭关系的研究时，由于人口统计学变量是影响工作-家庭正向溢出的个人特征类型的显著的影响因素，应当将其作为控制变量在研究中加以控制。

6.1.4　工作-家庭正向溢出与行为变量的作用机制

在研究二中介结果的检验中，我们发现，当结果变量为工作绩效时，工作满意度、工作投入、生活满意度及健康水平都中介了工作向家庭的正向溢出与工作绩效的关系，而组织承诺对于工作向家庭的正向溢出与工作绩效的中介效应却不显著。也就是说，工作向家庭的正向溢出不会通过组织承诺来影响工作绩效。可能的解释为，员工的组织承诺更多的是由工作场所的其他与工作相关的因素（如工作氛围、工作支持、绩效反馈等）决定的，而与家庭因素相关的工作向家庭的正向溢出并不是决定员工组织承诺的相关因素。当结果变量是组织公民行为时，所考察的所有变量都中介了工作向家庭的正向溢出与组织公民行为的关系。然而值得我们注意的是，无论结果变量是工作绩效还是组织公民行为，工作投入在工作向家庭的正向溢出与两个行为结果变量的间接影响效应都是最大的。也就是说，工作向家庭的正向溢出与行为结果（工作绩效和组织公民行为）通过工作投入的影响最大。然而，目前的中介效应的研究结果并没有提示我们，在工作向家庭的正向溢出与行为结果之间的关系中，到底是态度型结果变量还是健康型结果变量的中介效应更为显著。由于受研究条件限制，现有研究也无法回答此问题，建议未来的研究可以以更巧妙的研究设计来检验这一问题。

6.2 管理实践启示

本书的研究在以往实证研究的基础上，为工作-家庭正向溢出领域的研究开辟了全新的视角，同时也为管理者提供了值得借鉴的研究结论。在经济全球化快速发展的当代，随着现代科学技术的发展，以及人们工作和生活方式的逐渐改变，企业员工面临着来自生活压力及工作压力双方面的考验，如果员工不能兼顾工作和生活角色的双重需求，其会产生抑郁等心理健康问题，进而影响其工作绩效。因此，如果企业能够采取有效的政策及措施，增强员工工作和家庭生活的正向影响，进而提高员工的健康水平和组织的绩效问题，那么无论是对员工个体还是对组织及管理者来说，都无疑是一个双赢的举措。本书的研究结论为管理者提供了有益的管理实践建议。

6.2.1 降低员工压力 VS 为员工提供支持对管理者的启示

如果想提高员工感知到的工作向家庭的正向溢出，与想尽办法降低员工的工作压力相比，或许管理者采取相关人力资源政策（如工作支持或者家庭支持）是更为有效的选择。我们的研究结果显示资源（如同事支持、上级支持、组织支持及家庭支持）与工作向家庭的正向溢出显著正相关，而压力（如工作需求等）前因变量与工作向家庭的正向溢出却没有显著的相关关系。因此，来自工作或者家庭领域的资源比降低压力更能够提高员工感知到的工作向家庭的正向溢出水平。由此，我们可以看出，员工在日常生活中面临着来自工作和生活多方面的压力，管理者虽然需要关注员工承受的压力状态，但是如果能够为员工提供与家庭相关的工作支持或者组织支持，就能够有效地缓解员工的压力，增进员工的工作与家庭生活的融合。因此，管理者可以为员工提供尽可能多的资源（如家庭友好型人力资源政策、工作支持等），而不是一味地追求降低员工的工作需求。

6.2.2 员工个人特征的影响对人力资源管理政策的启示

当运用人力资源管理政策时，管理者不得不考虑的一个因素，就是个体的个性特质，如积极情绪、消极情绪、神经质人格及核心自我评价等（Bruck & Allen，2003；Michel et al.，2011a）。我们的研究结果显示，具有不同人格特质的个体对工作向家庭的正向溢出的感知有所不同，正向的人格特质（如积极情绪及核心自我评价）能够正向影响员工的工作向家庭的正向溢出，而负向的人格特质（如消极情绪及神经质人格）能够负向影响员工的工作向家庭的正向溢出。因此，此研究结果提示我们，管理者在招聘及甄选人才时有必要对潜在的应聘者进行人格特质测试来更多地了解应聘者的相关潜在特征。同时在进行员工培训时，管理者也应当充分考虑员工的个性特征，制定符合员工特性的个性化培训方案。

我们的研究结果显示已婚、年长者对于工作向家庭的正向溢出及前因及结果变量之间的关系更为敏感。因此，此研究结果提示管理者在实施家庭友好型人力资源政策时，考虑不同群体的特殊需要（如照顾老人和小孩的需求）是非常有意义的。例如，组织可以尝试在工作单位附近设立老人看护中心及幼儿看护中心以帮助员工承担他们的家庭责任（Cooklin et al.，2014）。此外，我们的研究结果显示，孩子数目在组织承诺与工作向家庭的正向溢出之间的关系中起调节作用，即工作向家庭的溢出与组织承诺之间的关系在具有较多孩子数目的员工群体中更为显著。除此之外，婚姻状况在工作投入与工作向家庭的溢出中起显著的调节作用，即工作投入与工作向家庭的正向溢出之间的关系在已婚人士的群体中更为显著。同时，在中国这样一个受传统儒家文化影响深远的社会，男性和女性的社会意识形态有着显著的不同。"男主外，女主内"的思想在中国传统文化中根深蒂固，男性的社会角色的责任是在外努力工作、赚钱养家，而女性的社会角色多被定义为照顾家人，把家庭事务打理得井井有条（Bielby，1992）。因此，性别在员工感知的工作-家庭正向溢出中所表现出的差异也是不容忽视的问题。以上结果说明，员工自身的特点、家庭结构及家庭特征都影响着员工对于工作和家庭各个方面因素的感知，管理者在利用家庭友好型人力资源政策以增强员工感知的工作-家庭正向溢出，以及提高个体及组织绩效等积极的行为结果（如组织承诺、工作投入）时，员工的家庭情况都是不容忽略的因素。

6.2.3　管理者采取政策干预员工的工作-家庭问题的重要性

本书的研究结果显示，在工作-家庭正向溢出与结果变量的关系中，领域内的直接影响效应比领域间的交叉影响效应更为显著。也就是说，工作向家庭的正向溢出比家庭向工作的正向溢出更能够显著地影响工作领域的结果变量。这一研究结论提示我们，管理者采取必要的措施来干预员工的工作-家庭问题是非常必要的。由于员工感知到的工作向家庭的正向溢出可能直接影响着员工在工作场所的结果，甚至影响着组织层面的结果，因此，忽略员工的工作-家庭关系问题，任凭员工自身及家庭成员来单独解决员工的工作-家庭之间的问题并非明智之举。

6.2.4　管理者应重视员工工作投入的重要性

研究二中介效应的结果显示，工作向家庭的溢出与员工行为之间的关系通过工作投入的影响最大，这也提示管理者在对员工的行为进行预测和管控时，员工的工作投入度是一个不容忽视的问题。虽然组织中的诸多因素都能够影响员工的行为，但是管理者应当明晰的是，如果管理者采用人力资源管理政策（如家庭友好型政策）来帮助平衡乃至增强员工的工作和家庭生活的正向影响，员工的行为如较高的工作绩效水平、组织公民行为等积极的工作场所行为，都可以通过促使员工增加工作投入来得以实现。因此，员工的工作投入度也是管理者需要注意的关键问题。

7 研究局限及未来展望

7.1 研究局限

本书的研究具有一定的局限性。首先，本书所使用的实证研究数据大多数都是自评数据，可能存在潜在的偏误。例如，一些构念的测量，如工作支持、家庭支持的测量都受到被试主观因素的影响。此外，自评数据也不能排除可能的"默认称许性"的影响（Schuman & Presser, 1981），可能引起潜在的偏误。此外，本书的研究所采用的以往实证研究的数据，多数都是横截面数据。如前所述，这样的数据结构不允许我们进行因果关系的推断（Spector, 2006），因此，本书的模型框架也没有涉及因果关系的推断。其次，我们使用样本的地理位置来对国家的文化特征进行分类，而作为国家文化的代理变量可能并没有那么准确，未来的研究可以开发更为准确的方法来测量文化变量。最后，对于检验调节作用来说，本书的研究的样本容量偏小，以至于很多的调节变量都不能得到检验，如员工的任期等。

7.2 未来展望

本书的研究为未来的研究者提供了值得借鉴的研究方向。首先，本书的多数研究变量都是个体层面的变量，然而组织层面的变量，如工作氛围（Zhang, Kwong Kwan, Everett & Jian, 2012）、组织文化、家庭氛围（Michel et al., 2011b）也是不容忽视的重要的前因变量。因此，未来的研究可以从组织层面的因素入手来探讨工作和家庭之间的关系。

其次，虽然国家文化在本书的研究中所起的调节作用并不那么显著，但是国家层面的其他的文化及经济发展因素仍然是影响工作-家庭关系的重要因素。例如个人主义/集体主义文化背景下的个体、员工可能对于工作-家庭关系的感知不同（Jin et al., 2013），因此个人主义/集体主义是可能的国家层面的调节因素。此外，研究者认为个体对于工作和家庭生活边界的感知都受到社会发展的影响（Clark, 2000），换句话说，个体趋向于将工作与家庭视为一个整体还是相互分离的两个领域，很大程度上受到社会发展的影响。因此，未来的研究可以更多地关注国家层面的文化及经济发展对于工作-家庭关系的影响。

此外，已有的关于工作家庭关系的研究大部分是在西方的社会文化背景下进行的，Casper 等（2007）通过对国际上以往文献的回顾，发现在过去25年间已有的工作-家庭关系的研究中，有95%的研究样本来自美国等西方国家（其中美国占总量的75%），仅有3%（共计6篇）的非西方样本书与西方的研究结果进行了比对分析，以中国人为样本的研究就更是微乎其微。同时，既有研究表明工作-家庭关系研究受到文化、价值观和社会规范的影响是非常大的（Lobel, 1991），因此，西方形成的理论和研究成果在中国的文化背景和情景下不能完全适用。未来的研究也可以从跨文化差异的角度入手，探讨工作-家庭正向溢出在不同文化背景下对于员工及组织的作用和影响。

再次，根据上文讨论的本书的研究局限，未来的研究应采用多数据源、多时点乃至纵向的数据来检验工作向家庭的正向溢出与相关变量之间的关系。横截面数据在检验工作-家庭关系时，并不能检验变量间影响的因果关系。同时，问卷测量方法自身的局限性，使得数据结果很大程度上可能存在同源方法偏差。因此，未来的实证研究在数据收集的过程中，应采用更为严谨及精妙的研究设计，避免测量的偏误及研究结果的偏差。

最后，虽然我们在讨论工作和家庭领域的直接影响和交叉影响时发现了有趣的结论，但是在本书的研究中，利用本书现有条件，我们还不能检验为什么是在态度型结果变量而不是行为型结果变量中，直接影响比交叉影响更为显著。因此，我们也鼓励研究者在未来的研究中能够设计出更为巧妙的研究设计来比较工作领域和家庭领域的直接影响和交叉影响。同时，针对态度型及健康型结果变量的中介作用检验，本书的研究未能发现态度型结果变量与健康型结果变量在工作-家庭正向溢出与行为型结果变量关系中的中介作用到底孰强孰弱，但是我们认为对态度型和健康型中介作用的比较是非常必要的，清晰的研究结论有助于研究者和管理者更好的理解及预测个体的行为。因此，我们也呼吁未来的研究能够以更为巧妙地研究设计（如实验法）来检验两种变量（态度型和健康型结果变量）在工作-家庭正向溢出与行为结果变量之间的关系。

7.3 结论

在以往实证研究的基础上，研究一采用元分析的方法，系统地回顾了工作-家庭正向溢出的前因及结果变量，并检验了工作和家庭变量领域内的直接影响及领域间的交叉影响；研究一也分别检验了个体层面、国家层面及方法层面的调节变量对工作-家庭正向溢出与前因及结果变量的关系的影响。

研究一的研究结果显示，工作-家庭正向溢出与工作-家庭负向溢出是两个相互区分的概念；工作/家庭资源与工作-家庭正向溢出正相关，而除了工作超负荷与工作-家庭正向溢出负相关以外，其他类型的需求（无论是工作需求还是家庭需求）与工作-家庭正向溢出都没有显著的直接影响效应；并且，工作-家庭正向溢出对工作和家庭领域的结果变量既有领域内的直接影响，也有领域间的交叉影响，而领域内直接影响效应的强度要高于领域间交叉影响效应。

针对调节效应，我们发现人口统计学变量、国家文化及构念调节了工作-家庭正向溢出与一些前因及结果变量之间的关系。其中，针对前因变量，性别在同事支持与工作向家庭的正向溢出的关系中调节作用显著；员工的年龄在工作控制与工作向家庭的正向溢出之间的关系中起显著的调节作用；而员工的婚姻状况显著调节家庭友好型人力资源政策与工作向家庭正向溢出之间的关系，也显著调节了家庭支持与工作向家庭正向溢出之间的关系。除此之外，孩子数目在所有关系中的调节作用都不显著，并且四种人口统计学变量在家庭向工作的正向溢出与所有前因变量之间的关系中调节作用也不显著。对于结果变量，结果显示，员工的年龄调节了组织承诺与家庭向工作的正向溢出之间的关系；员工的婚姻状况调节了工作投入与工作向家庭的正向溢出之间的关系；而孩子数目不仅调节了组织承诺与工作向家庭的正向溢出之间的关系，还调节了家庭满意度与家庭向工作的正向溢出之间的关系。

针对国家文化的调节作用，针对前因变量，家庭支持与家庭向工作的正向溢出之间的关系在西方中显著，而在东方国家中不显著，此结果支持了国家文化的调节作用。然而在其他的前因变量与工作-家庭正向溢出之间的关系中，国家文化的调节作用都不显著，结果部分支持国家文化在前因变量及工作-家庭正向溢出关系中的调节作用。针对结果变量，与西方国家相比，家庭向工作的正向溢出与工作满意度的关系在东方国家中显著正相关，国家文化在其他的结果变量与工作-家庭正向溢出的关系中没有发现显著的调节作用。

针对不同构念的调节作用，当构念采用工作向家庭的增益时，工作心理需求和核心自我评价与工作向家庭的正向溢出之间的关系显著，而当构念采用工作向家庭的促进时不显著。当构念采用家庭向工作的促进时，家庭支持与家庭向工作的正向溢出之间的关系显著，而当构念采用家庭向工作的增益时不显著。此外，当构念采用工作向家庭的增益时，工作时长与工作向家庭的正向溢出之间的关系比当构念采用工作向家庭的促进时更为显著。而针对结果变量，相比于工作向家庭的促进，当构念采用工作向家庭的增益时，工作向家庭的正向溢出与工作满意度的关系更为显著。当构念采用工作向家庭的增益时，工作倦怠、离职意向与工作向家庭的正向溢出的关系不显著，而当构念采用工作向家庭的促进时显著。当构念采用工作向家庭的增益时，工作绩效与工作向家庭的正向溢出的关系显著，而当构念采用工作向家庭的促进时不显著。当构念采用家庭向工作的增益时，组织承诺与家庭向工作的正向溢出的关系显著，而当构念采用家庭向工作的促进时不显著。当构念采用家庭向工作的增益时，生活满意度与家庭向工作的正向溢出的关系不显著，而当构念采用家庭向工作的促进时显著。

研究二利用元分析-结构方程，检验了态度型和健康型结果变量在工作-家庭正向溢出与行为型结果变量间的中介效应。在态度型结果变量与健康型结果变量的中介效应结果中，我们发现当结果变量是工作绩效时，除了组织承诺以外，工作满意度、工作投入、生活满意度和健康水平都中介了工作-家庭正向溢出与工作绩效之间的关系，而当结果变量是组织公民行为时，无论是态度型结果变量还是健康型结果变量都中介了工作-家庭正向溢出与组织公民行为的关系。无论是工作绩效还是组织公民行为，在所有变量的中介作用中，工作投入对于工作-家庭正向溢出与工作绩效和组织公民行为的间接影响都是最大的。

参考文献

[1] 侯敏，江琦，陈潇，等. 教师情绪智力和工作绩效的关系：工作家庭促进和主动行为的中介作用 [J]. 心理发展与教育，2014，30 (2)：160-168.

[2] 马红宇，申传刚，杨璟，等. 边界弹性与工作-家庭冲突、增益的关系：基于人-环境匹配的视角 [J]. 心理学报，2014，46 (4)：540-551.

[3] 马丽，徐枞巍. 基于个人-环境匹配理论的边界管理与工作家庭界面研究 [J]. 南开管理评论，2011 (5)：41-47，152.

[4] 唐汉瑛，马红宇，王斌. 工作-家庭界面研究的新视角：工作-家庭促进研究 [J]. 心理科学进展，2007，15 (5)：852-858.

[5] 韦慧民，刘洪. 工作-家庭角色转换影响因素研究评介 [J]. 外国经济与管理，2011，33 (3)：50-57，65.

[6] 王婷，徐培，朱海英. 科研人员工作-家庭平衡与组织绩效关系研究 [J]. 科学学研究，2011，29 (1)：121-126，96.

[7] 周路路，赵曙明. 时间要求与工作-家庭增益的关系研究 [J]. 上海管理科学，2010 (3)：7-12.

[8] 赵简，孙健敏，张西超. 工作要求-资源、心理资本对工作家庭关系的影响 [J]. 心理科学，2013，36 (1)：170-174

[9] 张莉，林与川，于超跃，等. 支持资源作用下的工作-家庭促进：情感倾向的调节作用 [J]. 管理学报，2012，9 (3)：388-395.

[10] 张勉，李海，魏钧，等. 交叉影响还是直接影响？工作-家庭冲突的影响机制 [J]. 心理学报，2011，43 (5)：573-588.

[11] AJZEN I, FISHBEIN M. Attitude – behavior relations：A theoretical analysis and review of empirical research [J]. Psychological Bulletin, 1977, 84 (5)：888-918.

[12] ALI M, METZ I, KULIK C T. The impact of work-family programs on the

relationship between gender diversity and performance [J]. Human Resource Management, 2015, 54 (4): 553-576.

[13] HERATY N, ALLIS P, O'DRISCOLL M. Positive effects of nonwork-to-work facilitation on well-being in work, family and personal domains [J]. Journal of Managerial Psychology, 2008, 23 (3): 273-291.

[14] ALPERT D, CULBERTSON A. Daily hassles and coping strategies of dual-earner and nondual-earner women [J]. Psychology of Women Quarterly, 1987, 11 (3): 359-366.

[15] AMSTAD F T, MEIER L L, FASEL U, et al. A meta-analysis of work-family conflict and various outcomes with a special emphasis on cross-domain versus matching-domain relations [J]. Journal of Occupational Health Psychology, 2011, 16 (2): 69-151.

[16] ARYEE S, SRINIVAS E S, TAN H H. Rhythms of life: Antecedents and outcomes of work-family balance in employed parents [J]. Journal of Applied Psychology, 2005, 90 (1): 132-146.

[17] ASHFORD S J, TAYLOR M S, FERRIS G, et al. Adaptation to work transitions: An integrative approach [J]. Research in Personnel and Human Resources Management, 1990 (8): 1-39.

[18] ASHFORTH B E, KREINER G E, FUGATE M. All in a day's work: Boundaries and micro role transitions [J]. Academy of Management review, 2000, 25 (3): 472-491.

[19] BACHARACH S B, BAMBERGER P, CONLEY S. Work-home conflict among nurses and engineers: Mediating the impact of role stress on burnout and satisfaction at work [J]. Journal of Organizational Behavior, 1991, 12 (1): 39-53.

[20] BAGGER J, LI A. How does supervisory family support influence employees' attitudes and behaviors? A social exchange perspective [J]. Journal of Management, 2014, 40 (4): 1123-1150.

[21] BAKKER A B, DEMEROUTI E, VERBEKE W. Using the job demands-resources model to predict burnout and performance [J]. Human Resource Management, 2004, 43 (1): 83-104.

[22] BAKKER A B, DEMEROUTI E. The job demands-resources model: State of the art [J]. Journal of Managerial Psychology, 2007, 22 (3): 309-328.

[23] BAKKER A B, SCHAUFELI W B, LEITER M P, et al. Work engage-

ment: An emerging concept in occupational health psychology [J]. Work & Stress, 2008, 22 (3): 187-200.

[24] BALMFORTH K, GARDNER D. Conflict and facilitation between work and family: Realizing the outcomes for organizations [J]. New Zealand Journal of Psychology, 2006, 35 (2): 69-76.

[25] BANDURA A. Self-efficacy: The exercise of control [M]. Worth Publishers, 1997.

[26] BARAL R, BHARGAVA S. Work-family enrichment as a mediator between organizational interventions for work – life balance and job outcomes [J]. Journal of Managerial Psychology, 2010, 25 (3-4): 274-300.

[27] BARNETT R, MARSHALL N L, SAYER A. Positive-spillover effects from job to home: A closer look [J]. Women & Health, 1992, 19 (2-3): 13-41.

[28] BARNETT R C. Toward a review and reconceptualization of the work-family literature [J]. Genetic Social and General Psychology Monographs, 1998, 124 (2): 125-182.

[29] BARNETT R C, HYDE J S. Women, men, work, and family [J]. American Psychologist, 2001, 56 (10): 781.

[30] BARON R M, KENNY D A. The moderator-mediator variable distinction in social psychological research: Conceptual, strategic, and statistical considerations [J]. Journal of Personality and Social Psychology, 1986, 51 (6): 1173.

[31] BARRICK M R, MOUNT M K. Autonomy as a moderator of the relationships between the big five personality dimensions and job performance [J]. Journal of Applied Psychology, 1993, 78 (1): 111.

[32] BAUER T, MORRISON E, CALLISTER R, et al. Research in personnel and human resources management [M]. Stamford, CT: JAI Press, 1998.

[33] BAUMEISTER R F, LEARY M R. The need to belong: Desire for interpersonal attachments as a fundamental human motivation [J]. Psychological Bulletin, 1995, 117 (3): 497.

[34] BEDEIAN A G, BURKE B G, MOFFETT R G. Outcomes of work-family conflict among married male and female professionals [J]. Journal of Management, 1988, 14 (3): 475-491.

[35] BENTLER P M. Some contributions to efficient statistics in structural mod-

els: Specification and estimation of moment structures [J]. Psychometrika, 1983, 48 (4): 493-517.

[36] BETZ N E, HACKETT G. Career self-efficacy theory: Back to the future [J]. Journal of Career Assessment, 2006, 14 (1): 3-11.

[37] BEUTELL N J. Self-employment, work-family conflict and work-family synergy: Antecedents and consequences [J]. Journal of Small Business & Entrepreneurship, 2007, 20 (4): 325-334.

[38] BHANTHUMNAVIAN D. Importance of supervisory social support and its implications for HRD in Thailand [J]. Psychology and Developing Societies, 2000, 2 (12): 155-167.

[39] BIELBY W T, BIELBY D D. I will follow him: Family ties, gender-role beliefs, and reluctance to relocate for a better job [J]. The American Journal of Sociology, 1992, 97 (5): 1241-1267.

[40] BOND J T, THOMPSON C, GALINSKY E, et al. The 2002 national study of the changing workforce [M]. New York: Families and Work Institute, 2003.

[41] BOND J T, GALINSKY E, SWANBERG J. The 1997 study of the changing workforce [M]. New York: Families and Work Institute, 1998.

[42] BORENSTEIN M, HEDGES L V, HIGGINS J P T, et al. Introduction to meta-analysis [M]. Chichester, England: Wiley, 2011.

[43] BOYAR S L, MOSLEY D C. The relationship between core self-evaluations and work and family satisfaction: The mediating role of work-family conflict and facilitation [J]. Journal of Vocational Behavior, 2007, 71 (2): 265-281.

[44] BOYAR S L, MAERTZ JR C P, MOSLEY JR D C, et al. The impact of work-family demand on work-family conflict [J]. Journal of Managerial Psychology, 2008, 23 (3): 215-235.

[45] BRIEF A P, WEISS H M. Organizational behavior: Affect in the workplace [J]. Annual Review of Psychology, 2002, 53 (1): 279-307.

[46] BROCKNER J. Self-esteem at work: Research, theory, and practice [M]. Lexington Books: D. C. Heath and Company, 1988.

[47] BRONFENBRENNER U. Contexts of child rearing: Problems and prospects [J]. American Psychologist, 1979, 34 (10): 844.

[48] BRONFENBRENNER U, CECI S J. Nature-nuture reconceptualized in

developmental perspective: A bioecological model [J]. Psychological Review, 1994, 101 (4): 568.

[49] BRONFENBRENNER U, MORRIS P A. The ecology of developmental processes [J]. R. M. Lerner Handbook of Child Psychology, 1998.

[50] BROUGH P, O'DRISCOLL M P, KALLIATH T J. The ability of 'family friendly' organizational resources to predict work-family conflict and job and family satisfaction [J]. Stress and Health, 2005, 21 (4): 223-234.

[51] BROWN S P. A meta-analysis and review of organizational research on job involvement [J]. Psychological Bulletin, 1996, 120 (2): 235.

[52] BRUCK C S, ALLEN T D. The relationship between big five personality traits, negative affectivity, type A behavior, and work-family conflict [J]. Journal of Vocational Behavior, 2003, 63 (3): 457-472.

[53] BURKE R J, GREENGLASS E R. Work and family [M]. Chichester, England:? Wiley, 1987.

[54] BUTLER A B, GRZYWACZ J G, BASS B L, et al. Extending the demands-control model: A daily diary study of job characteristics work-family conflict and work-family facilitation [J]. Journal of Occupational and Organizational Psychology, 2005 (78): 155-169.

[55] CAMERON K, DUTTON J. Positive organizational scholarship: Foundations of a new discipline [M]. Berrett-Koehler Publishers, 2003.

[56] CAPLAN R D, COBB S, FRENCH J R, et al. Job demands and worker health: Main effects and occupational differences [J]. Applied Ergonomics, 1979, 10 (1): 48.

[57] CARLSON D, KACMAR K M, ZIVNUSKA S, et al. Work-family enrichment and job performance: A constructive replication of affective events theory [J]. Journal of Occupational Health Psychology, 2011, 16 (3): 297-312.

[58] CARLSON D S, FERGUSON M, KACMAR K M, et al. Pay it forward: The positive crossover effects of supervisor work-family enrichment [J]. Journal of Management, 2011, 37 (3): 770-789.

[59] CARLSON D S, GRZYWACZ J G, FERGUSON M, et al. Health and turnover of working mothers after childbirth via the work-family interface: An analysis across time [J]. Journal of Applied Psychology, 2011, 96 (5): 1045-1054.

[60] CARLSON D S, GRZYWACZ J G, KACMAR K M. The relationship of

schedule flexibility and outcomes via the work−family interface [J]. Journal of Managerial Psychology, 2010, 25 (3−4): 330−355.

[61] CARLSON D S, GRZYWACZ J G, ZIVNUSKA S. Is work − family balance more than conflict and enrichment? [J]. Human Relations, 2009, 62 (10): 1459−1486.

[62] CARLSON D S, HUNTER E M, FERGUSON M, et al. Work−family enrichment and satisfaction: Mediating processes and relative impact of originating and receiving domains [J]. Journal of Management, 2014, 40 (3): 845−865.

[63] CARLSON D S, KACMAR K M, WAYNE J H, et al. Measuring the positive side of the work−family interface: Development and validation of a work−family enrichment scale [J]. Journal of Vocational Behavior, 2006, 68 (1): 131−164.

[64] CHEUNG M W L, CHAN W. Meta − analytic structural equation modeling: A two−stage approach [J]. Psychological Methods, 2005, 10 (1): 40.

[65] CHOI H J, KIM Y T. Work−family conflict, work−family facilitation, and job outcomes in the Korean hotel industry [J]. International Journal of Contemporary Hospitality Management, 2012, 24 (7): 1011−1028.

[66] CHRISTIAN M S, GARZA A S, SLAUGHTER J E. Work engagement: A quantitative review and test of its relations with task and contextual performance [J]. Personnel Psychology, 2011, 64 (1): 89−136.

[67] CINAMON R G, RICH Y. Gender differences in the importance of work and family roles: Implications for work−family conflict [J]. Sex Roles, 2002, 47 (11−12): 531−541.

[68] CINAMON R G, RICH Y. Work Family Relations: Antecedents and Outcomes [J]. Journal of Career Assessment, 2010, 18 (1): 59−70.

[69] CLARK S C. Work−family border theory: A new theory of work−family balance [J]. Human Relations, 2000, 53 (6): 747−770.

[70] CLONINGERA P A, SELVARAJANB T T, SINGHB B, et al. The mediating influence of work−family conflict and the moderating influence of gender on employee outcomes [J]. The International Journal of Human Resource Management, 2015, 26 (18): 2269−2287.

[71] COHEN J. Statistical power analysis for the behavioral sciences [M]. Erlbaum: Hillsdale, NJ, 1988.

[72] COHEN J. A power primer [J]. Psychological Bulletin, 1992, 112

（1）：155-159.

［73］COHEN S G, BAILEY D E. What makes teams work: Group effectiveness research from the shop floor to the executive suite ［J］. Journal of Management, 1997, 23（3）：239-290.

［74］COHEN A, KIRCHMEYER C. A multidimensional approach to the relation between organizational commitment and nonwork participation ［J］. Journal of Vocational Behavior, 1995, 46（2）：189-202.

［75］COHN M A, FREDRICKSON B L, BROWN S L, et al. Happiness unpacked: Positive emotions increase life satisfaction by building resilience ［J］. Emotio, 2009, 9（3）：361.

［76］Cooklin A R, WESTRUPP E M, STRAZDINS L, et al. Fathers at work: Work-family conflict, work-family enrichment and parenting in an Australian cohort ［J］. Journal of Family Issues. 2016, 37（11）：1611-1635.

［77］COOPER C L, CARTWRIGHT S. An intervention strategy for workplace stress ［J］. Journal of Psychosomatic Research, 1997, 43（1）：7-16.

［78］COWLISHAW S, BIRCH A, MCLENNAN J, et al. Antecedents and outcomes of volunteer work-family conflict and facilitation in Australia ［J］. Applied Psychology, 2014, 62（1）：168-189.

［79］COX T. Stress research and stress management: Putting theory to work ［M］. Sudbury: HSE Books . 1993.

［80］CROUTER A C. Spillover from family to work: The neglected side of the work-family interface ［J］. Human Relations, 1984, 37（6）：425-441.

［81］CROSBY F J, SABATTINI L. Family and work balance ［M］. New York: Oxford University Press. 2005.

［82］CULBERTSON S S, MILLS M J, FULLAGAR C J. Work engagement and work-family facilitation: Making homes happier through positive affective spillover ［J］. Human Relations, 2012, 65（9）：1155-1177.

［83］CUMMINGS L L, ELSALMI A M. The impact of role diversity, job level, and organizational size on managerial satisfaction ［J］. Administrative Science Quarterly, 1970, 15（1）：1-10.

［84］DALAL R S. A meta-analysis of the relationship between organizational citizenship behavior and counterproductive work behavior ［J］. Journal of Applied Psychology, 2005, 90（6）：1241.

[85] DANIEL S, SONNENTAG S. Work to non-work enrichment: The mediating roles of positive affect and positive work reflection [J]. Work & Stress, 2014, 28 (1): 49-66.

[86] De JONGE J, KOMPIER M A. A critical examination of the demand-control-support model from a work psychological perspective [J]. International Journal of Stress Management, 1997, 4 (4): 235-258.

[87] DE JONGE J, BOSMA H, PETER R, et al. Job strain, effort-reward imbalance and employee well-being: A large-scale cross-sectional study [J]. Social Science & Medicine, 2000, 50 (9): 1317-1327.

[88] DEBORD K, CANU R F, KERPELMAN J. Understanding a work-family fit for single parents moving from welfare to work [J]. Social Work, 2000, 45 (4): 313-324.

[89] DECI E L, RYAN R M. The general causality orientations scale: Self-determination in personality [J]. Journal of Research in Personality, 1985, 19 (2): 109-134.

[90] DEMEROUTI E, BAKKER A B, DE JONGE J, et al. Burnout and engagement at work as a function of demands and control [J]. Scandinavian Journal of Work, Environment & Health, 2001: 279-286.

[91] DEMEROUTI E, BAKKER A B, NACHREINER F, et al. The job demands-resources model of burnout [J]. Journal of Applied Psychology, 2001, 86 (3): 499.

[92] DEMEROUTI E, BAKKER A B, SCHAUFELI W B. Spillover and crossover of exhaustion and life satisfaction among dual-earner parents [J]. Journal of Vocational Behavior, 2005, 67 (2): 266-289.

[93] DYSON-WASHINGTON. The relationship between optimism and work-family enrichment and their influence on psychological well-being [D]. Philadelphia: Drexel University, 2006.

[94] EARNEST D R, ALLEN D G, LANDIS R S. Mechanisms linking realistic job previews with turnover: A meta-analytic path analysis [J]. Personnel Psychology, 2011, 64 (4): 865-897.

[95] EBY L T, CASPER W J, LOCKWOOD A, et al. Work and family research in IO/OB: Content analysis and review of the literature (1980-2002) [J]. Journal of Vocational Behavior, 2005, 66 (1): 124-197.

[96] EBY L T, MAHER C P, BUTTS M M. The intersection of work and family life: The role of affect [J]. Annual Review of Psychology, 2010 (61): 599-622.

[97] EDWARDS J R, ROTHBARD N P. Work and family stress and well-being: An examination of person-environment fit in the work and family domains [J]. Organizational Behavior and Human Decision Processes, 1999, 77 (2): 85-129.

[98] EDWARDS J R, ROTHBARD N P. Mechanisms linking work and family: Clarifying the relationship between work and family constructs [J]. Academy of Management Review, 2000, 25 (1): 178-199.

[99] EMMONS C A, BIERNAT M, TIEDJE L B, et al. Stress, support, and coping among women professionals with preschool children [J]. Stress Between Work and Family, 1990: 61-93.

[100] ERICKSON J J, MARTINENGO G, HILL E J. Putting work and family experiences in context: Differences by family life stage [J]. Human Relations, 2010, 63 (7): 955-979.

[101] EVANS P, BARTOLOME F. The changing pictures of the relationship between career and family [J]. Journal of Organizational Behavior, 1984, 5 (1): 9-21.

[102] FERGUSON M, CARLSON D, ZIVNUSKA S, et al. Support at work and home: The path to satisfaction through balance [J]. Journal of Vocational Behavior, 2012, 80 (2): 299-307.

[103] FISCHER R, MANSELL A. Commitment across cultures: A meta-analytical approach [J]. Journal of International Business Studies, 2009, 40 (8): 1339-1358.

[104] FISHER-MCAULEY G, STANTON J, JOLTON J, et al. Modelling the relationship between work life balance and organisational outcomes. 2003. Paper presented at the Annual Conference of the Society for Industrial - Organisational Psychology. Orlando.

[105] FARAGHER E B, CASS M, COOPER C L. The relationship between job satisfaction and health: A meta-analysis [J]. Occupational and Environmental Medicine, 2005, 62 (2): 105-112.

[106] FORD M T, CERASOLI C P, HIGGINS J A, et al. Relationships between psychological, physical, and behavioural health and work performance: A review and meta-analysis [J]. Work & Stress, 2011, 25 (3): 185-204.

[107] FORD M T, HEINEN B A, LANGKAMER K L. Work and family satis-faction and conflict: A mcta-analysis of cross-domain relations [J]. Journal of Ap-plied Psychology, 2007, 92 (1): 57.

[108] FORGAS J P, GEORGE J M. Affective influences on judgments and be-havior in organizations: An information processing perspective [J]. Organizational Behavior and Human Decision Processes, 2001, 86 (1): 3-34.

[109] FREDRICKSON B L, LOSADA M F. Positive affect and the complex dy-namics of human flourishing [J]. American Psychologist, 2005, 60 (7): 678.

[110] FRIEDMAN R A, KRACKHARDT D. Social capital and career mobility a structural theory of lower returns to education for asian employees [J]. The Journal of Applied Behavioral Science, 1997, 33 (3): 316-334.

[111] FRIEDMAN S D, GREENHAUS J H. Work and family-allies or ene-mies: What happens when business professionals confront life choices [M]. Oxford: Oxford University Press, 2000.

[112] FRONE M R, BARNES G M, FARRELL M P. Relationship of work-family conflict to substance use among employed mothers: The role of negative affect [J]. Journal of Marriage and the Family, 1994 (56): 1019-1030.

[113] FRONE M R, RUSSELL M, COOPER M L. Antecedents and outcomes of work-family conflict: Testing a model of the work-family interface [J]. Journal of Applied Psychology, 1992, 77 (1): 65.

[114] FRONE M R, RUSSELL M, COOPER M L. Relation of work-family conflict to health outcomes: A four-year longitudinal study of employed parents [J]. Journal of Occupational and Organizational Psychology, 1997, 70 (4): 325-335.

[115] FRONE M R, YARDLEY J K, MARKEL K S. Developing and testing an integrative model of the work-family interface [J]. Journal of Vocational Behavior, 1997 (50): 145-167.

[116] FU C K, SHAFFER M A. The tug of work and family: Direct and indi-rect domain-specific determinants of work-family conflict [J]. Personnel Review, 2001, 30 (5): 502-522.

[117] GAREIS K C, BARNETT R C, ERTEL K A, et al. Work-family en-richment and conflict: Additive effects, buffering, or balance? [J]. Journal of Mar-riage and Family, 2009, 71 (3): 696-707.

[118] GEORGE J M, BRIEF A P. Motivational agendas in the workplace: The

effects of feelings on focus of attention and work motivation [J]. Research in Organizational Behavior, 1996 (18): 75.

[119] GEURTS S A, TARIS T W, KOMPIER M A, et al. Work-home interaction from a work psychological perspective: Development and validation of a new questionnaire, the swing [J]. Work & Stress, 2005, 19 (4): 319-339.

[120] GILBERT L A, RADER J. Work, family, and dual-earner couples: Implications for research and practice [J]. Handbook of Counseling Psychology, 2008 (4): 426-443.

[121] GIST M E, MITCHELL T R. Self-efficacy: A theoretical analysis of its determinants and malleability [J]. Academy of Management Review, 1992, 17 (2): 183-211.

[122] GOODMAN W B, CROUTER A C. Longitudinal associations between maternal work stress, negative work-family spillover, and depressive symptoms [J]. Family Relations, 2009, 58 (3): 245-258.

[123] GOULDNER A W. The norm of reciprocity: A preliminary statement [J]. American Sociological Review, 1960, 25 (2): 161-178.

[124] GORDON J R, WHELAN-BERRY K S, HAMILTON E A. The relationship among work-family conflict and enhancement, organizational work-family culture, and work outcomes for older working women [J]. Journal of Occupational Health Psychology, 2007, 12 (4): 350.

[125] GRAVES L M, OHLOTT P J, RUDERMAN M N. Commitment to family roles: Effects on managers'attitudes and performance [J]. Journal of Applied Psychology, 2007, 92 (1): 44.

[126] GREENHAUS J H. Innovations in the study of the work-family interface: Introduction to the special section [J]. Journal of Occupational and Organizational Psychology, 2008, 81 (3): 343-348.

[127] GREENHAUS J H, BEUTELL N J. Sources of conflict between work and family roles [J]. Academy of Management Review, 1985, 10 (1): 76-88.

[128] GREENHAUS J H, POWELL G N. When work and family are allies: A theory of work-family enrichment [J]. Academy of Management Review, 2006, 31 (1): 72-92.

[129] GRIMM-THOMAS K, PERRY-JENKINS M. All in a day's work: Job experiences, self-esteem, and fathering in working-class families [J]. Family Re-

lations, 1994, 42 (2): 174-181.

[130] GRZYWACZ J C. Work-family spillover and health during midlife: Is managing conflict everything? [J]. American Journal of Health Promotion, 2000, 14 (4): 236-243.

[131] GRZYWACZ J G, BASS B L. Work, family, and mental health: Testing different models of work-family fit [J]. Journal of Marriage and Family, 2003, 65 (1): 248-261.

[132] GRZYWACZ J G, BUTLER A B. The impact of job characteristics on work-to-family facilitation: Testing a theory and distinguishing a construct [J]. Journal of Occupational Health Psychology, 2005, 10 (2): 97-109.

[133] GRZYWACZ J G, MARKS N F. Reconceptualizing the work-family interface: An ecological perspective on the correlates of positive and negative spillover between work and family [J]. Journal of Occupational Health Psychology, 2000, 5 (1): 111.

[134] GUEST D E. Human resource management: When research confronts theory [J]. International Journal of Human Resource Management, 2001, 12 (7): 1092-1106.

[135] HAAR J M, BARDOEL E A. Positive spillover from the work-family interface: A study of Australian employees [J]. Asia Pacific Journal of Human Resources, 2008, 46 (3): 275-287.

[136] HALBESLEBEN J R, BUCKLEY M R. Burnout in organizational life [J]. Journal of Management, 2004, 30 (6): 859-879.

[137] HALL D T, RICHTER J. Balancing work life and home life: What can organizations do to help? [J]. The Academy of Management Executive, 1988, 2 (3): 213-223.

[138] HAMMER L B, ALLEN E, GRIGSBY T D. Work-family conflict in dual-earner couples: Within-individual and crossover effects of work and family [J]. Journal of Vocational Behavior, 1997, 50 (2): 185-203.

[139] HAMMER L B, KOSSEK E E, YRAGUI N L, et al. Development and validation of a multidimensional measure of family supportive supervisor behaviors (FSSB) [J]. Journal of Management, 2009, 35 (4): 837-856.

[140] HAMMER L B, NEAL M B, NEWSOM J T, et al. A longitudinal study of the effects of dual-earner couples' utilization of family-friendly workplace supports

on work and family outcomes [J]. Journal of Applied Psychology, 2005, 90 (4): 799.

[141] HANSON G C, COLTON C L, HAMMER L B. Development and validation of a multidimensional scale of work-family positive spillover [J]. Journal of Occupational Health Psychology, 2006, 11 (3): 249-265.

[142] HANSON G C, HAMMER L B. Development and validation of a multidimensional scale of perceived work-family positive spillover [J]. Journal of Occupational Health Psychology, 2006, 11 (3): 249.

[143] HARDRE P L. Beyond two decades of motivation: A review of the research and practice in instructional design and human performance technology [J]. Human Resource Development Review, 2003, 2 (1): 54-81.

[144] HIGGINS C A, DUXBURY L E, IRVING R H. Work-family conflict in the dual-career family [J]. Organizational Behavior and Human Decision Processes, 1992, 51 (1): 51-75.

[145] HILL E J. Work-family facilitation and conflict, working fathers and mothers, work-family stressors and support [J]. Journal of Family Issues, 2005, 26 (6): 793-819.

[146] HILL E J, HAWKINS A J, MARTINSON V, et al. Studying "working fathers": Comparing fathers' and mothers' work-family conflict, fit, and adaptive strategies in a global high-tech company [J]. Fathering, 2003, 1 (3): 239.

[147] HILL E J, YANG C M, HAWKINS A J, et al. A cross-cultural test of the work-family interface in 48 countries [J]. Journal of Marriage and Family, 2004, 66 (5): 1300-1316.

[148] HOBFOLL S E. The influence of culture, community, and the nested-self in the stress process: Advancing conservation of resources theory [J]. Applied Psychology, 2001, 50 (3): 337-421.

[149] HOBFOLL S E. Social and psychological resources and adaptation [J]. Review of General Psychology, 2002, 6 (4): 307.

[150] HOLBROOK M B. Customer value and autoethnography: Subjective personal introspection and the meanings of a photograph collection [J]. Journal of Business Research, 2005, 58 (1): 45-61.

[151] HOCHSCHILD A, IRWIN N, PTASHNE M. Repressor structure and the mechanism of positive control [J]. Cell, 1983, 32 (2): 319-325.

[152] HOCKEY G, ROBERT J. Cognitive-energetical control mechanisms in the management of work demands and psychological health [J]. Attention: Selection, awareness, and control: A tribute to Donald Broadbent, 1993: 328–345.

[153] HOFFMAN B J, BLAIR C A, MERIAC J P, et al. Expanding the criterion domain? A quantitative review of the OCB literature [J]. Journal of Applied psychology, 2007, 92 (2): 555.

[154] HOFSTEDE G H. Culture's consequences: International differences in work-related values [M]. London: Sage Publications, 1984.

[155] HOFSTEDE G H, HOFSTEDE G. Culture's consequences: Comparing values, behaviors, institutions and organizations across nations [M]. London: Sage Publications, 2001.

[156] HOLMAN D J, WALL T D. Work characteristics, learning-related outcomes, and strain: A test of competing direct effects, mediated, and moderated models [J]. Journal of Occupational Health Psychology, 2002, 7 (4): 283.

[157] HUNTER E M, PERRY S J, CARLSON D S, et al. Linking team resources to work-family enrichment and satisfaction [J]. Journal of Vocational Behavior, 2010, 77 (2): 304–312.

[158] HUNTER J E, SCHMIDT F L. Methods of Meta-Analysis: Correcting Error and Bias in Research Findings [M]. Thousand Oaks, CA: SAGE Publications. 2004.

[159] ILIES R, NAHRGANG J D, MORGESON F P. Leader-member exchange and citizenship behaviors: A meta-analysis [J]. Journal of Applied Psychology, 2007, 92 (1): 269.

[160] ILIES R, WILSON K S, WAGNER D T. The spillover of daily job satisfaction onto employees'family lives: The facilitating role of work-family integration [J]. Academy of Management Journal, 2009, 52 (1): 87–102.

[161] INNSTRAND S T, LANGBALLE E M, ESPNES G A, et al. Positive and negative work-family interaction and burnout: A longitudinal study of reciprocal relations [J]. Work and Stress, 2008, 22 (1): 1–15.

[162] INNSTRAND S T, LANGBALLE E M, FALKUM E, et al. Gender-specific perceptions of four dimensions of the work-family interaction [J]. Journal of Career Assessment, 2009, 17 (4): 402–416.

[163] ISABEL SANZ-VERGEL A, DEMEROUTI E, MORENO-JIMENEZ

B, et al. Work-family balance and energy: A day-level study on recovery conditions [J]. Journal of Vocational Behavior, 2010, 76 (1): 118-130.

[164] ISEN A M, BARON R A. Positive affect as a factor in organizational-behavior [J]. Research in Organizational Behavior, 1991 (13): 1-53.

[165] JACKSON T A. Leadership, commitment, and culture: A meta-analysis [D]. London: The University of Western Ontario, 2010.

[166] JAGA A, BAGRAIM J. The relationship between work - family enrichment and work-family satisfaction outcomes [J]. South African Journal of Psychology, 2011, 41 (1): 52-62.

[167] JANZEN B L, KELLY I W. Psychological distress among employed fathers: Associations with family structure, work quality, and the work - family interface [J]. American Journal of Mens Health, 2012, 6 (4): 294-302.

[168] JIN J F, FORD M T, CHEN C C. Asymmetric differences in work-family spillover in North America and China: Results from two heterogeneous samples [J]. Journal of Business Ethics, 2013, 113 (1): 1-14.

[169] JOHNSON J V, HALL E M. Job strain, work place social support, and cardiovascular disease: A cross-sectional study of a random sample of the Swedish working population [J]. American Journal of Public Health, 1988, 78 (10): 1336-1342.

[170] JOINER T A. Total quality management and performance: The role of organization support and co-worker support [J]. International Journal of Quality & Reliability Management, 2007, 24 (6): 617-627.

[171] JONES B L, SCOVILLE D P, HILL E J, et al. Perceived versus used workplace flexibility in Singapore: Predicting work-family fit [J]. Journal of Family Psychology, 2008, 22 (5): 774-783.

[172] JUDGE T A, BONO J E. Five-factor model of personality and transformational leadership [J]. Journal of Applied Psychology, 2000, 85 (5): 751.

[173] JUDGE T A, BONO J E, EREZ A, et al. Core self-evaluations and job and life satisfaction: The role of self-concordance and goal attainment [J]. Journal of Applied Psychology, 2005, 90 (2): 257.

[174] JUDGE T A, BONO J E, LOCKE E A. Personality and job satisfaction: The mediating role of job characteristics [J]. Journal of Applied Psychology, 2000, 85 (2): 237.

[175] JUDGE T A, CABLE D M, BOUDREAU J W, et al. An empirical investigation of the predictors of executive career success [J]. Personnel Psychology, 1995, 48 (3): 485-519.

[176] JUDGE T A, THORESEN C J, BONO J E, et al. The job satisfaction-job performance relationship: A qualitative and quantitative review [J]. Psychological Bulletin, 2001, 127 (3): 376.

[177] JUDGE T A, WATANABE S. Individual differences in the nature of the relationship between job and life satisfaction [J]. Journal of Occupational and Organizational Psychology, 1994, 67 (2): 101-107.

[178] JUNG CHOI H, TAE KIM Y. Work-family conflict, work-family facilitation, and job outcomes in the korean hotel industry [J]. International Journal of Contemporary Hospitality Management, 2012, 24 (7): 1011-1028.

[179] KARASEKJR R A. Job demands, job decision latitude, and mental strain: Implications for job redesign [J]. Administrative Science Quarterly, 1979: 285-308.

[180] KARASEK R. Demand/control model: A social, emotional, and physiological approach to stress risk and active behaviour development [J]. Encyclopedia of Occupational Health and Safety, 1998 (2): 34-36.

[181] KARATEPE O M. The effect of positive and negative work-family interaction on exhaustion: Does work social support make a difference? [J]. International Journal of Contemporary Hospitality Management, 2010, 22 (6): 836-856.

[182] KARATEPE O M, AZAR A K. The effects of work-family conflict and facilitation on turnover intentions: The moderating role of core self-evaluations [J]. International Journal of Hospitality & Tourism Administration, 2013, 14 (3): 255-281.

[183] KARATEPE O M, BEKTESHI L. Antecedents and outcomes of work-family facilitation and family-work facilitation among frontline hotel employees [J]. International Journal of Hospitality Management, 2008, 27 (4): 517-528.

[184] KARATEPE O M, DEMIR E. Linking core self-evaluations and work engagement to work-family facilitation a study in the hotel industry [J]. International Journal of Contemporary Hospitality Management, 2014, 26 (2): 307-323.

[185] KARATEPE O M, KILIC H. The effects of two directions of conflict and facilitation on frontline employees'job outcomes [J]. Service Industries Journal,

2009, 29（7）：977-993.

[186] KARATEPE O M, MAGAJI A B. Work-family conflict and facilitation in the hotel industry a study in Nigeria [J]. Cornell Hospitality Quarterly, 2008, 49 (4)：395-412.

[187] KING L A, MATTIMORE L K, KING D W, et al. Family support inventory for workers [J]. Journal of Organizational Behavior, 1995 (16)：235-258.

[188] KRAIMER M L, WAYNE S J, JAWORSKI R A A. Sources of support and expatriate performance：The mediating role of expatriate adjustment [J]. Personnel Psychology, 2001, 54 (1)：71-99.

[189] KIRCHMEYER C. Perceptions of nonwork - to - work spillover：Challenging the common view of conflict-ridden domain relationships [J]. Basic and Applied Social Psychology, 1992, 13 (2)：231-249.

[190] KIRCHMEYER C. Nonwork-to-work spillover：A more balanced view of the experiences and coping of professional women and men [J]. Sex Roles, 1993, 28 (9-10)：531-552.

[191] KIRCHMEYER C. Managing the work - nonwork boundary：An assessment of organizational responses [J]. Human Relations, 1995.

[192] KOBASA S C. The hardy personality：Toward a social psychology of stress and health [J]. Social psychology of health and illness, 1982 (4)：3-32.

[193] KOPELMAN R E, GREENHAUS J H, CONNOLLY T F. A model of work, family, and interrole conflict：A construct validation study [J]. Organizational Behavior and Human Performance, 1983, 32 (2)：198-215.

[194] KOSSEK E E, LAUTSCH B A, EATON S C. Telecommuting, control, and boundary management：Correlates of policy use and practice, job control, and work-family effectiveness [J]. Journal of Vocational Behavior, 2006, 68 (2)：347-367.

[195] KREINER G E. Consequences of work - home segmentation or integration：A person-environment fit perspective [J]. Journal of Organizational Behavior, 2006, 27 (4)：485-507.

[196] KRIPPENDORFF K. Content analysis：An introduction to its methodology [M]. London：SAGE Publications. 2012.

[197] LEPINE J A, EREZ A, JOHNSON D E. The nature and dimensionality of organizational citizenship behavior：A critical review and meta-analysis [J]. Jour-

nal of Applied Psychology, 2002, 87 (1): 52.

[198] LEE R T, ASHFORTH B E. A meta-analytic examination of the corre-lates of the three dimensions of job burnout [J]. Journal of Applied Psychology, 1996, 81 (2): 123.

[199] LEITER M P. Burnout as a developmental process: Consideration of models [J]. Professional Burnout, 1993: 237-249.

[200] LEITER M P, DURUP M J. Work, home, and in-between: A longitu-dinal study of spillover [J]. The Journal of Applied Behavioral Science, 1996, 32 (1): 29-47.

[201] LIM D H, SONG J H, CHOI M. Work-family interface: Effect of en-richment and conflict on job performance of Korean workers [J]. Journal of Manage-ment & Organization, 2012, 18 (3): 383-397.

[202] LINGARD H, FRANCIS V, TURNER M. Work time demands, work time control and supervisor support in the Australian construction industryAn analysis of work - family interaction [J]. Engineering Construction & Architectural Management, 2012, 19 (6): 647-665.

[203] LINGARD H C, FRANCIS V, TURNER M. Work-family enrichment in the australian construction industry: Implications for job design [J]. Construction Management & Economics, 2010, 28 (5): 467-480.

[204] LIVINGSTON B A, JUDGE T A. Emotional responses to work-family conflict: An examination of gender role orientation among working men and women [J]. Journal of Applied Psychology, 2008, 93 (1): 207-216.

[205] LOBEL S A. Allocation of investment in work and family roles: Alterna-tive theories and implications for research [J]. Academy of Management Review, 1991, 16 (3): 507-521.

[206] LU J F, SIU O L, SPECTOR P E, et al. Antecedents and outcomes of a fourfold taxonomy of work-family balance in chinese employed parents [J]. Journal of Occupational Health Psychology, 2009, 14 (2): 182-192.

[207] MA H, TANG H, WANG B. A study on informal organizational work-family support, work - family enrichment and work - family conflict of chinese employees [J]. 2008 ISECS International Colloquium on Computing, Communication, Control, and Management, 2008: 319.

[208] MACCALLUM R C, AUSTIN J T. Applications of structural equation

modeling in psychological research [J]. Annual Review of Psychology, 2000, 51 (1): 201-226.

[209] MACDERMID S M, SEERY B L, WEISS H M. An emotional examination of the work-family interface [J]. Emotions in the workplace: Understanding the structure and role of emotions in organizational behavior, 2002: 402-427.

[210] MACEWEN K E, BARLING J. Daily consequences of work interference with family and family interference with work [J]. Work & Stress, 1994, 8 (3): 244-254.

[211] MADJAR N, OLDHAM G R, PRATT M G. There's no place like home? The contributions of work and nonwork creativity support to employees'creative performance [J]. Academy of Management Journal, 2002, 45 (4): 757-767.

[212] MARKS S R. Multiple roles and role strain: Some notes on human energy, time and commitment [J]. American Sociological Review, 1977: 921-936.

[213] MASLACH C, SCHAUFELI W B, LEITER M P. Job burnout [J]. Annual Review of Psychology, 2001, 52 (1): 397-422.

[214] MASUDA A D, MCNALL L A, ALLEN T D, et al. Examining the constructs of work-to-family enrichment and positive spillover [J]. Journal of Vocational Behavior, 2012, 80 (1): 197-210.

[215] MATTHEWS R A, BULGER C A, BARNES-FARRELL J L. Work social supports, role stressors, and work-family conflict: The moderating effect of age [J]. Journal of Vocational Behavior, 2010, 76 (1): 78-90.

[216] MCCAULEY C D, RUDERMAN M N, OHLOTT P J, et al. Assessing the developmental components of managerial jobs [J]. Journal of Applied Psychology. 1994, 79 (4): 544.

[217] MCELWAIN A K. An examination of the reliability and validity of the work-family guilt scale [J]. Dissertation Abstracts International: Section B: The Sciences and Engineering, 2009, 70 (3-B): 1976.

[218] MCELWAIN A K, KORABIK K, ROSIN H M. An examination of gender differences in work-family conflict [J]. Canadian Journal of Behavioural Science, 2005, 37 (4): 283.

[219] MCNALL L A, MASUDA A D, NICKLIN J M. Flexible work arrangements, job satisfaction, and turnover intentions: The mediating role of work-to-family enrichment [J]. Journal of Psychology, 2009, 144 (1): 61-81.

[220] MCNALL L A, MASUDA A D, SHANOCK L R, et al. Interaction of core self-evaluations and perceived organizational support on work-to-family enrichment [J]. Journal of Psychology, 2011, 145 (2): 133-149.

[221] MCNALL L A, NICKLIN J M, MASUDA A D. A meta-analytic review of the consequences associated with work-family enrichment [J]. Journal of Business and Psychology, 2010, 25 (3): 381-396.

[222] MEIJMAN T F, MULDER G, DRENTH P, et al. Psychological aspects of workload [J]. Handbook of Work and Organizational Psychology, 1998 (2): 5-33.

[223] MEYER J P, ALLEN N J. A three-component conceptualization of organizational commitment [J]. Human Resource Management Review, 1991, 1 (1): 61-89.

[224] MICHEL J S, CLARK M A. Has it been affect all along? A test of work-to-family and family-to-work models of conflict, enrichment, and satisfaction [J]. Personality and Individual Differences, 2009, 47 (3): 163-168.

[225] MICHEL J S, CLARK M A. Investigating the relative importance of individual differences on the work-family interface and the moderating role of boundary preference for segmentation [J]. Stress and Health, 2013, 29 (4): 324-336.

[226] MICHEL J S, KOTRBA L M, MITCHELSON J K, et al. Antecedents of work-family conflict: A meta-analytic review [J]. Journal of Organizational Behavior, 2011, 32 (5): 689-725.

[227] MIGNONAC K, HERRBACH O. Linking work events, affective states, and attitudes: An empirical study of managers'emotions [J]. Journal of Business and Psychology, 2004, 19 (2): 221-240.

[228] MILKIE M A, PELTOLA P. Playing all the roles: Gender and the work-family balancing act [J]. Journal of Marriage and the Family, 1999: 476-490.

[229] MORGESON F P. The external leadership of self-managing teams: Intervening in the context of novel and disruptive events [J]. Journal of Applied Psychology, 2005, 90 (3): 497.

[230] MORRIS J A, FELDMAN D C. The dimensions, antecedents, and consequences of emotional labor [J]. Academy of Management Review, 1996, 21 (4): 986-1010.

[231] MOULTON S T. Meditation, well-being, and cognitive ability: A meta-

analysis and five quasi-experiments [D]. Cambridge: Harvard University, 2008.

[232] MULVANEY M K, MCNALL L A, MORRISSEY R A. A longitudinal investigation of work-family strains and gains, work commitment, and subsequent employment status among partnered working mothers [J]. Journal of Family Issues, 2011, 32 (3): 292-316.

[233] MUSTAPHA N. The impact of work-family factors in the relationships between organizational and occupational characteristics and intention to stay [C]. 18th IBIMA Conference on Innovation and Sustainable Competitive Advantage: From Regional Development to World Economies, 2012.

[234] MEYER J P, STANLEY D J, HERSCOVITCH L, et al. Affective, continuance, and normative commitment to the organization: A meta-analysis of antecedents, correlates, and consequences [J]. Journal of Vocational Behavior, 2002, 61 (1): 20-52.

[235] NEAR J P, RICE R W, HUNT R G. The relationship between work and nonwork domains: A review of empirical research [J]. Academy of Management Review, 1980, 5 (3): 415-429.

[236] NETEMEYER R G, BOLES J S, MCMURRIAN R. Development and validation of work-family conflict and family-work conflict scales [J]. Journal of Applied Psychology, 1996, 81 (4): 400.

[237] ONUF N G. World of our making: Rules and rule in social theory and international relations [M]. New York: Routledge, 2012.

[238] NICKLIN J M, MCNALL L A. Work-family enrichment, support, and satisfaction: A test of mediation [J]. European Journal of Work and Organizational Psychology, 2013, 22 (1): 67-77.

[239] NIPPERT-ENG C. Calendars and keys: The classification of "home" and "work" [J]. Sociological Forum, 1996: 11 (3): 563-582.

[240] O'DRISCOLL M P, BROUGH P, KALLIATH T J. Work-family conflict, psychological well-being, satisfaction and social support: A longitudinal study in New Zealand [J]. Equal Opportunities International, 2004, 23 (1/2): 36-56.

[241] ODLE-DUSSEAU H N, BRITT T W, GREENE-SHORTRIDGE T M. Organizational work-family resources as predictors of job performance and attitudes: The process of work-family conflict and enrichment [J]. Journal of Occupational

Health Psychology, 2012, 17 (1): 28-40.

[242] ORGAN D W. Organizational citizenship behavior: The good soldier syndrome [M]. Lexington, MA: Lexington Books, 1988.

[243] PARASURAMAN S, PUROHIT Y S, GODSHALK V M, et al. Work and family variables, entrepreneurial career success, and psychological well-being [J]. Journal of Vocational Behavior, 1996, 48 (3): 275-300.

[244] PAUL K I, MOSER K. Incongruence as an explanation for the negative mental health effects of unemployment: Meta-analytic evidence [J]. Journal of Occupational and Organizational Psychology, 2006, 79 (4): 595-621.

[245] PARASURAMAN S, GREENHAUS J H. Toward reducing some critical gaps in work-family research [J]. Human Resource Management Review, 2002, 12 (3): 299-312.

[246] PEETERS M C, MONTGOMERY A J, BAKKER A B, et al. Balancing work and home: How job and home demands are related to burnout [J]. International Journal of Stress Management, 2005, 12 (1): 43.

[247] PEETERS M, WATTEZ C, DEMEROUTI E, et al. Work-family culture, work-family interference and well-being at work is it possible to distinguish between a positive and a negative process? [J] Career Development International, 2000, 14 (6-7): 700-713.

[248] PERRY-JENKINS M, REPETTI R L, CROUTER A C. Work and family in the 1990s [J]. Journal of Marriage and Family, 2000, 62 (4): 981-998.

[249] PLECK J H, STAINES G L, LANG L. Conflicts between work and family life [J]. Monthly Labor Review, 1980, 103 (3): 29.

[250] PODSAKOFF N P, WHITING S W, PODSAKOFF P M, et al. Individual-and organizational-level consequences of organizational citizenship behaviors: A meta-analysis [J]. Journal of Applied Psychology, 2009, 94 (1): 122.

[251] POWELL G N, GREENHAUS J H. Is the opposite of positive negative? The relationship between work-family enrichment and conflict [J]. Career Development International, 2006, 11 (7): 650-659.

[252] PREACHER K J, HAYES A F. Asymptotic and resampling strategies for assessing and comparing indirect effects in multiple mediator models [J]. Behavior Research Methods, 2008, 40 (3): 879-891.

[253] PROOST K, DE WITTE H, DE WITTE K, et al. Work-family conflict

and facilitation: The combined influence of the job demand-control model and achievement striving [J]. European Journal of Work and Organizational Psychology, 2010, 19 (5): 615-628.

[254] QU H, ZHAO X R. Employees'work-family conflict moderating life and job satisfaction [J]. Journal of Business Research, 2012, 65 (1): 22-28.

[255] RAPOPORT A. House form and culture [M]. Upper Saddle River: Prentice-Hall, Inc, 1969.

[256] REPETTI R L. Individual and common components of the social environment at work and psychological well-being [J]. Journal of Personality and Social Psychology, 1987, 52 (4): 710.

[257] ROCKSTUHL T, DULEBOHN J H, ANG S, et al. Leader-member exchange (LMX) and culture: A meta-analysis of correlates of LMX across 23 countries [J]. Journal of Applied Psychology, 2012, 97 (6): 1097.

[258] ROSENZWEIG J M, BRENNAN E M, HUFFSTUTTER K, et al. Child care and employed parents of children with emotional or behavioral disorders [J]. Journal of Emotional and Behavioral Disorders, 2008, 16 (2): 78-89.

[259] ROTHBARD N P. Enriching or depleting? The dynamics of engagement in work and family roles [J]. Administrative Science Quarterly, 2001, 46 (4): 655-684.

[260] ROSEN C C, LEVY P E, HALL R J. Placing perceptions of politics in the context of the feedback environment, employee attitudes, and job performance [J]. Journal of Applied Psychology, 2006, 91 (1): 211.

[261] RUDERMAN M N, OHLOTT P J, PANZER K, et al. Benefits of multiple roles for managerial women [J]. Academy of Management Journal, 2002, 45 (2): 369-386.

[262] RUSSO M, BUONOCORE F. The relationship between work-family enrichment and nurse turnover [J]. Journal of Managerial Psychology, 2012, 27 (3): 216-236.

[263] SCHAUFELI W B, SALANOVA M, GONZLEZ-ROM V, et al. The measurement of engagement and burnout: A two sample confirmatory factor analytic approach [J]. Journal of Happiness Studies, 2002, 3 (1): 71-92.

[264] SCHNALL P L, LANDSBERGIS P A, BAKER D. Job strain and cardiovascular disease [J]. Annual Review of Public Health, 1994, 15 (1): 381-411.

［265］SCHUMAN H, PRESSER S. Questions and answers in attitude surveys: Experiments on question form, wording, and context ［M］. New York: Academic Press, 1981.

［266］SEIBERT S E, KRAIMER M L, LIDEN R C. A social capital theory of career success ［J］. Academy of Management Journal, 2001, 44（2）: 219-237.

［267］SELIGMAN D A, PULLINGER A C. The role of intercuspal occlusal relationships in temporomandibular disorders: A review ［J］. Journal of Craniomandibular Disorders, 1991, 5（2）: 96-106.

［268］SELIGMAN M E. Positive psychology, positive prevention, and positive therapy ［J］. Handbook of Positive Psychology, 2002（2）: 3-12.

［269］SHAFFER M A, HARRISON D A, GILLEY K M, et al. Struggling for balance amid turbulence on international assignments: Work-family conflict, support and commitment ［J］. Journal of Management, 2001, 27（1）: 99-121.

［270］SHANOCK L R, EISENBERGER R. When supervisors feel supported: Relationships with subordinates' perceived supervisor support, perceived organizational support, and performance ［J］. Journal of Applied psychology, 2006, 91（3）: 689.

［271］SHIMADA K, SHIMAZU A, BAKKER A B, et al. Work-family spillover among japanese dual-earner couples: A large community-based study ［J］. Journal of Occupational Health, 2010, 52（6）: 335-343.

［272］SHOCKLEY K M, SINGLA N. Reconsidering work-family interactions and satisfaction: A meta-analysis ［J］. Journal of Management, 2011, 37（3）: 861-886.

［273］SIEBER S D. Toward a theory of role accumulation ［J］. American Sociological Review, 1974: 567-578.

［274］SIU O L, LU J F, BROUGH P, et al. Role resources and work-family enrichment: The role of work engagement ［J］. Journal of Vocational Behavior, 2010, 77（3）: 470-480.

［275］SMALL S A, RILEY D. Toward a multidimensional assessment of work spillover into family life ［J］. Journal of Marriage and the Family, 1990, 52（1）: 51-61.

［276］SMITH C, ORGAN D W, NEAR J P. Organizational citizenship behavior: Its nature and antecedents ［J］. Journal of Applied Psychology, 1983, 68

(4): 653.

[277] SPECTOR P E. Method variance in organizational research truth or urban legend? [J]. Organizational Research Methods, 2006, 9 (2): 221-232.

[278] SPECTOR P E, FOX S. An emotion-centered model of voluntary work behavior: Some parallels between counterproductive work behavior and organizational citizenship behavior [J]. Human Resource Management Review, 2002, 12 (2): 269-292.

[279] SPISER - ALBERT, VALARIE LYNNE. A meta - analysis of organizational commitment and justice in survivors and victims of organizational downsizing [J]. Dissertation Abstracts International. Section A: Humanities and Social Sciences, 2001, 62 (5A): 1887.

[280] STAINES G L. Spillover versus compensation: A review of the literature on the relationship between work and nonwork [J]. Human Relations, 1980, 33 (2): 111-129.

[281] STEPHENS M A P, FRANKS M M, ATIENZA A A. Where two roles intersect: Spillover between parent care and employment [J]. Psychology and Aging, 1997, 12 (1): 30.

[282] STODDARD M, MADSEN S R. Toward an understanding of the link between work-family enrichment and individual health [J]. Journal of Behavioral & Applied Management, 2007, 9 (1): 2-15.

[283] SUMER H C, KNIGHT P A. How do people with different attachment styles balance work and family? A personality perspective on work - family linkage [J]. Journal of Applied Psychology, 2001, 86 (4): 653.

[284] TANG S - W, SIU O - L, CHEUNG F. A study of work - family enrichment among chinese employees: The mediating role between work support and job satisfaction [J]. Applied Psychology an International Review-Psychologie Appliquee-Revue Internationale, 2014, 63 (1): 130-150.

[285] TEMENT S, KORUNKA C. The moderating impact of types of caregiving on job demands, resources, and their relation to work-to-family conflict and enrichment [J]. Journal of Family Issues, 2015, 36 (1): 31-55.

[286] TEN BRUMMELHUIS L L, BAKKER A B. A resource perspective on the work-home interface: The work-home resources model [J]. American Psychologist, 2012, 67 (7): 545.

［287］TENBRUNSEL A E，BRETT J M，MAOZ E，et al. Dynamic and static work-family relationships［J］. Organizational Behavior and Human Decision Processes，1995，63（3）：233-246.

［288］THOMAS L T，GANSTER D C. Impact of family-supportive work variables on work-family conflict and strain：A control perspective［J］. Journal of Applied Psychology，1995，80（1）：6.

［289］THOMPSON C A，BEAUVAIS L L，LYNESS K S. When work-family benefits are not enough：The influence of work-family culture on benefit utilization，organizational attachment，and work-family conflict［J］. Journal of Vocational Behavior，1999，54（3）：392-415.

［290］Thompson C A，Prottas D J. Work-family culture：Key to reducing workforce-workplace mismatch?［J］. Work，Family，Health，and Well-Being，2005：117-132.

［291］THOMPSON C A，PROTTAS D J. Relationships among organizational family support，job autonomy，perceived control，and employee well-being［J］. Journal of Occupational Health Psychology，2006，11（1）：100.

［292］THOITS P A. Stressors and problem-solving：The individual as psychological activist［J］. Journal of Health and Social Behavior，1994，35（2）：143-160.

［293］TIEDJE L B，WORTMAN C B，DOWNEY G，et al. Women with multiple roles：Role-compatibility perceptions，satisfaction，and mental health［J］. Journal of Marriage and the Family，1990，52（1）：63-72.

［294］TIMOTHY D R，MICHAEL S. Coaching and family：The beneficial effects of multiple role membership［J］. Team Performance Management，2011，17（3/4）：168-186.

［295］TOMPSON H B，WERNER J M. The impact of role conflict/facilitation on core and discretionary behaviors：Testing a mediated model［J］. Journal of Management，1997，23（4）：583-601.

［296］VALENTINE D L，KESSLER J D，REDMOND M C，et al. Propane respiration jump-starts microbial response to a deep oil spill［J］. Science，2010，330（6001）：208-211.

［297］VAN DER DOEF M，MAES S. The job demand-control（-support）model and psychological well-being：A review of 20 years of empirical research［J］.

Work & Stress, 1999, 13 (2): 87-114.

[298] VAN DYNE L, JEHN K A, CUMMINGS A. Differential effects of strain on two forms of work performance: Individual employee sales and creativity [J]. Journal of Organizational Behavior, 2002, 23 (1): 57-74.

[299] VAN STEENBERGEN E F, ELLEMERS N. Is managing the work – family interface worthwhile? Benefits for employee health and performance [J]. Journal of Organizational Behavior, 2009, 30 (5): 617-642.

[300] VIEIRA J M, LOPEZ F G, MATOS P M. Further validation of work–family conflict and work–family enrichment scales among portuguese working parents [J]. Journal of Career Assessment, 2014, 22 (2): 329-344.

[301] VISWESVARAN C, ONES D S. Theory testing: Combining psychometric meta–analysis and structural equations modeling [J]. Personnel Psychology, 1995, 48 (4): 865-885.

[302] VOYDANOFF P. Incorporating community into work and family research: A review of basic relationships [J]. Human Relations, 2001, 54 (12): 1609-1637.

[303] VOYDANOFF P. The effects of work demands and resources on work–to–family conflict and facilitation [J]. Journal of Marriage and Family, 2004, 66 (2): 398-412.

[304] VOYDANOFF P. Implications of work and community demands and resources for work – to – family conflict and facilitation [J]. Journal of Occupational Health Psychology, 2004, 9 (4): 275.

[305] VOYDANOFF P. Toward a conceptualization of perceived work–family fit and balance: A demands and resources approach [J]. Journal of Marriage and Family, 2005, 67 (4): 822-836.

[306] VOYDANOFF P, DONNELLY B W. Multiple roles and psychological distress: The intersection of the paid worker, spouse, and parent roles with the role of the adult child [J]. Journal of Marriage and the Family, 1999: 725-738.

[307] WADSWORTH L L, OWENS B P. The effects of social support on work–family enhancement and work–family conflict in the public sector [J]. Public Administration Review, 2007, 67 (1): 75-87.

[308] WALSTER E, WALSTER G W, TRAUPMANN J. Equity and premarital sex [J]. Journal of Personality and Social Psychology, 1978, 36

（1）：82.

[309] WATSON D, CLARK L A. Negative affectivity: The disposition to experience aversive emotional states [J]. Psychological Bulletin, 1984, 96 (3): 465.

[310] WAYNE J H, GRZYWACZ J G, CARLSON D S, et al. Work-family facilitation: A theoretical explanation and model of primary antecedents and consequences [J]. Human Resource Management Review, 2007, 17 (1): 63-76.

[311] WAYNE J H, MUSISCA N, FLEESON W. Considering the role of personality in the work-family experience: Relationships of the big five to work-family conflict and facilitation [J]. Journal of Vocational Behavior, 2004, 64 (1): 108-130.

[312] WAYNE J H, RANDEL A E, STEVENS J. The role of identity and work-family support in work-family enrichment and its work-related consequences [J]. Journal of Vocational Behavior, 2006, 69 (3): 445-461.

[313] WEER C, GREENHAUS J H. Work-to-family conflict [J]. Encyclopedia of Quality of Life and Well-Being Research, 2014: 7244-7245.

[314] WEISS H M, CROPANZANO R. Affective events theory: A theoretical discussion of the structure, causes and consequences of affective experiences at work [J]. Research in Organizational Behavior, 1996 (18): 1.

[315] WEGGE J, JUNGMANN F, LIEBERMANN S, et al. What makes age diverse teams effective? Results from a six-year research program [J]. Work, 2012, 41 (1): 5145-5151.

[316] WESTMAN M. Crossover of stress and strain in the work-family context [J]. Work-life balance: A psychological perspective, 2006: 163-184.

[317] WHISTON S C, CINAMON R G. The work - family interface: Integrating research and career counseling practice [J]. The Career Development Quarterly, 2015, 63 (1): 44-56.

[318] WIEBE D J, MCCALLUM D M. Health practices and hardiness as mediators in the stress-illness relationship [J]. Health Psychology, 1986, 5 (5): 425.

[319] WILEY R H. Territoriality and non-random mating in sage grouse, centrocercus urophasianus [J]. Animal Behaviour Monographs, 1973 (6): 85-169.

[320] WILLIAMS A, FRANCHE R L, IBRAHIM S, et al. Examining the relationship between work-family spillover and sleep quality [J]. Journal of Occupational Health Psychology, 2006, 11 (1): 27.

[321] WITT L, CARLSON D S. The work-family interface and job perform-ance: Moderating effects of conscientiousness and perceived organizational support [J]. Journal of Occupational Health Psychology, 2006, 11 (4): 343.

[322] WRIGHT T A, CROPANZANO R. Emotional exhaustion as a predictor of job performance and voluntary turnover [J]. Journal of Applied Psychology, 1998, 83 (3): 486.

[323] WRIGHT T A, CROPANZANO R. Psychological well-being and job satisfaction as predictors of job performance [J]. Journal of Occupational Health Psy-chology, 2000, 5 (1): 84.

[324] YANCHUS N J, EBY L T, LANCE C E, et al. The impact of emotional labor on work-family outcomes [J]. Journal of Vocational Behavior, 2010, 76 (1): 105-117.

[325] ZEDECK S. Introduction: Exploring the domain of work and family con-cerns [J]. Work, families, and Organizations, 1992: 1-32.

[326] ZHANG H, KWONG KWAN H, EVERETT A M, et al. Servant leader-ship, organizational identification, and work to family enrichment: The moderating role of work climate for sharing family concerns [J]. Human Resource Management, 2012, 51 (5): 747-767.

[327] ZHANG Y C, LIAO Z Y. Consequences of abusive supervision: A meta-analytic review [J]. Asia Pacific Journal of Management, 2015, 32 (4): 959-987.

[328] ZHAO H, WAYNE S J, GLIBKOWSKI B C, et al. The impact of psy-chological contract breach on work-related outcomes: A meta-analysis [J]. Personnel Psychology, 2007, 60 (3): 647-680.

后记

时光荏苒，回首硕博连读这五年多的时光，无论是在学习上还是在生活上，我都经历了人生中许多最重要的时刻。学习上，我从刚开始对学术研究的茫然到对学术研究目标坚定，从对学术研究的一无所知到逐渐略懂一二，从出国访学到第一篇论文发表；生活上，从未婚到组建家庭，经历了父亲突然离去的悲痛和初为人母的喜悦……在这五年经历的大大小小的坎坷与磨练中，我的师长、家人、朋友给予我很多帮助、鼓励、信心和安慰。此刻，我想对你们说，谢谢你们，真的很感恩有你们一路的陪伴。

感谢我的博士生导师金家飞教授。硕博连读这五年多的时间里，您教会了我很多，您不仅引领我走进学术的大门，更让我看到了学术的魅力，点燃了我从事学术研究的激情，仿佛使我从一个牙牙学语、步履蹒跚的孩童逐渐成长为一个能够独立思考的成年人。同时，您严谨的治学态度、为人处世的方式也都深深地影响着我。记得您说过的让我印象最深的一句话："学会做研究之前，要先学会做人。"这句话我一直铭记在心，也时刻提醒着我不要忘记自己是谁。广博的学术是需要学者用一生去追寻和持续学习的，学术的道路没有捷径可走，唯有踏踏实实、一步一步地向前走，才能做出有价值的研究。这五年多里，您对我学习生活上点点滴滴的帮助和劝导，我都铭记于心，虽然有很多感谢的话想说，但是每每也只能说出"谢谢您，您一直是我的贵人"。您不多表达，我也不善言辞，但是您一直是我前进道路上的指明灯和标杆，在今后的学术道路上，让我可以一直勇往直前，做一名合格的研究者。

感谢陈志杰老师、陈扬老师、张煜成老师，真心感谢三位老师对我的论文及生活给予的指导和帮助。虽然我有很多的缺点，但是老师们一直很包容我，耐心的指导和悉心的教诲让我学到了很多，不仅包括各种研究方法，也有中英文论文写作的要领，可以让我在论文的修改及数据分析的过程中快速掌握研究的方法和精髓。同时，老师们的勤奋、对学术的严谨和热爱也深深地影响着我，这是老师们给予我的除了学术知识以外的另一笔宝贵的财富。特别感谢我的国外导师 Michel T. Ford，谢谢您在我出国访学期间对我的指导和帮助。我很钦佩您治学的严谨和谦虚的态度，这是我将来为人师表需要学习的重要品格。

感谢卿涛教授和张宁俊教授，两位老师从我博士入学之初到论文开题、预答辩的过程中给予了我很多悉心的指导和宝贵的建议，两位老师待人和蔼、为人正直，感谢你们对我的指导和帮助。

同样要特别感谢我硕博期间的同学王艳霞和陈青，从在经济管理学院学习那一年的摸爬滚打，到资格证书考试的紧张备战，再到申请出国时面对的重重阻力，真心感谢你们一路以来的扶持和陪伴，我们是一起经历过患难的战友，和你们在一起经历的点点滴滴都让我永生难忘。我仍然记得，几年前我们一起做完作业在三味堂一起吃完一斤面，现在想来我们当时是那么的女汉子。虽然压力很大，很辛苦，但是有你们的陪伴，这一路变得充实和快乐。

最后，感谢我的家人，感谢我的爸爸和妈妈，感谢你们一直以来的支持，无论我做出什么样的决定，你们从来都无条件地支持我。感谢我的爸爸，现在的我多么想跟您一起分享生活的点点滴滴，虽然您不善言辞，从来没有当面夸奖过我，但是，不止一个家人或朋友跟我说过，每当提起我，您总是一脸的骄傲。虽然没有来得及跟您说我也很骄傲能够成为您的女儿，但是我知道，您从未离开过。谢谢您，谢谢您养育我、培养我，我会一直遵循您的教诲，在以后的工作和生活中懂得担当、与人为善。

感谢我的先生，仇昆。谢谢你一直以来的支持和陪伴。十多年来，当我有需要的时候，你从来都是第一时间出现；当我情绪低落的时候，你会给我坚实的臂膀和温暖的怀抱。谢谢你一直以来为我的付出和牺牲，谢谢你为我们这个小家庭付出的一切，谢谢你，我的爱人，未来我们继续携手向前。同时，也感谢我的小天使，"两两"小朋友的到来，你是我无尽动力的来源。

谨以此书献给所有关心、支持、鼓励我的师长、亲人和朋友们！

徐姗

2022 年 3 月